莫 杨◎著

漫话说话成事

中国宇航出版社

·北京·

版权所有　侵权必究

图书在版编目（CIP）数据

漫话说话成事 / 莫杨著. -- 北京：中国宇航出版社，2025.2
ISBN 978-7-5159-2337-6

Ⅰ.①漫… Ⅱ.①莫… Ⅲ.①语言表达－通俗读物 Ⅳ.①H0-49

中国国家版本馆CIP数据核字(2024)第030198号

策划编辑	吴媛媛		封面设计	王晓武
责任编辑	吴媛媛		责任校对	谭　颖

出版
发行　**中国宇航出版社**

社　址　北京市阜成路8号　　　邮　编　100830
　　　　（010）68768548
网　址　www.caphbook.com
经　销　新华书店
发行部　（010）68767386　　　（010）68371900
　　　　（010）68767382　　　（010）88100613（传真）
零售店　读者服务部
　　　　（010）68371105
承　印　北京中科印刷有限公司
版　次　2025年2月第1版　　　2025年2月第1次印刷
规　格　880×1230　　　　　　开　本　1/32
印　张　5.25　　　　　　　　　字　数　112千字
书　号　ISBN 978-7-5159-2337-6
定　价　49.80元

本书如有印装质量问题，可与发行部联系调换

前 言

古人云:"一言之辩,重于九鼎之宝;三寸之舌,强于百万之师。"这就是口才的魅力。所谓"一言可以兴邦,片语可以辱国",这就是口才的威力。言辞作为一种沟通和表达的工具,可以产生强大的力量和深远的影响。

人人都想成为人生赢家,"赢"字是由五个部分构成的:"亡"代表了危机感;"口"代表着口才;"月"代表时间;"贝"代表财富;"凡"表示要保持平常心。这其中,"口"字处于最中间,至关重要,说明口才对于成功的作用不可小觑。

俗话说:良言一句三冬暖,恶语伤人六月寒。随口而出的一句话,可以让人精神振奋,也可以让人伤心欲绝。在与他人沟通前,要先明晰自己的感受和想法,才能把有效的信息更好地传达给别人。说话是一门艺术,它基于一个人的智商、情商、对事物的感受以及对环境的判断,也包括对自己和对别人的理解。怀着善意去有效地表达时,往往能收获善意的回应。

然而,有的人说话伤人却不自知,这种习惯不利于建立良好的人际关系，容易让人生厌，从而失去很多宝贵的机会。但是，如果因为怕说错话，就拒绝主动表达，刻意减少与别人交流，也会慢慢失去人与人之间的互动，失去互相了解的机会，无法锻炼口才和提升思维。就算有些人想封闭自己，但在生活、学习和工作中，也无法避免与人打交道。与其独自痛苦，不如用心学习如何运用语言艺术解决生活中的难题，让自己在社会上做到游刃有余。

其实，不管多么难开口的事情，只要使用合适的表达方式，都能让人坦然接受。学习积极有效的沟通技巧，可以让我们在社会中成为一个受欢迎的人，并且创造出属于自己的天地。

会说话是一种资本，可以在众人中脱颖而出，敲开机遇的大门。希望本书能帮助大家提升沟通技巧和表达能力，在人生的舞台上绽放光彩。

目 录

第一章　1　说话的艺术

1. 会说话的重要性　2
2. 语言沟通的基本原则　6
3. 给谈话开个好头　11
4. 身体语言有助于精准表达　15
5. 塑造好声音　18

第二章　21　不同场合的说话艺术

1. 避免尬聊　22
2. 适当的称呼　25
3. 自我介绍　27
4. 避免敏感话题　30
5. 不得不说的场面话　33
6. 说话的禁忌　36

第三章	39	1.面试技巧	40
打造高效职场口才		2.给领导留下好印象	44
		3.接受领导指派的任务	48
		4.给领导提建议	51
		5.如何面对多位领导	54
		6.如何与同事沟通	57
		7.如何与下属沟通	61

第四章	65	1.口才在销售中的重要性	66
销售与谈判技巧		2.销售的开场白	68
		3.确定产品的卖点	72
		4.如何应对客户的拒绝	75
		5.销售的注意事项	78
		6.谈判前的准备	81
		7.谈判技巧	83

第五章　87
恋爱沟通技巧

1. 若如初见　88
2. 约会的理由千万条　91
3. "微信时代"的恋爱沟通　96
4. 爱要说出口　98
5. 爱就是要好好说话　100
6. 土味情话大全　103

第六章　109
家庭内部的沟通艺术

1. 夫妻间的沟通　110
2. 夫妻间说话的禁忌　117
3. 妻子喜欢听的话　121
4. 丈夫需要鼓励　126
5. 亲子沟通　130
6. 隔代养育家庭里的沟通　134

第七章	137	1.什么是幽默	138
幽默有奇效		2.幽默的自我介绍	141
		3.职场中的幽默	144
		4.恋爱中的幽默	147
		5.幽默地拒绝	151
		6.幽默"百宝箱"	155

第一章

说话的艺术

1.会说话的重要性

会说话让人笑,不会说话惹人跳。

曹雪芹在《红楼梦》里有一句经典名言:"世事洞明皆学问,人情练达即文章。"人情练达通常指的是为人处世方面熟练通达,换句话说就是会说话、会办事、会做人。尤其在请人办事时,只有把话说到位,才有可能达到想要的效果。

有时在生活中会遇到一些尴尬的状况。比如,本来大家正聊得甚欢,忽然有一个人加入进来,几句话就破坏了聊天的气氛,原本的谈笑风生变成了鸦雀无声。有时候,同样一个意思,因为表达者的说话方式不同,效果也会大不相同。一个懂得语言艺术的人,每句话都能让人如沐春风,心情愉悦;不会说话的人,一张嘴就让人的心情一落千丈,也将自己置于尴尬的境地,在人际交往中举步维艰。

会说话是一项重要的沟通技能。有一位励志大师曾说过："假如你有好的口才，就可以结交好的朋友，可以使人家喜欢你，使你获得满意的结果，可以开辟美好前程；假如你是一名教师，你的口才可以增加学生学习的热情；假如你是一个店主，你的口才能帮助你吸引大量顾客；假如你是一个律师，你的口才能为你带来需要诉讼的当事人。"

的确，许多人因为能言善辩而顺利晋升职位，获得名利；也有许多人因为出口成章，赢得他人的喜爱，获得一定的社会地位；不过，也有很多人因为笨嘴拙舌、词不达意，在人生中四处碰壁。我们的一生，有太多成败受到口才的影响。

那些会说话的人，身上往往都有一些共同特点。他们能从多角度看事情，对于大家熟悉的事物能提出独特的观点；他们往往有广阔的视野，对自己从事的各项活动充满热情；和他们聊天会让人兴致盎然，但绝不会喋喋不休地谈论自己；他们对很多事都充满好奇，有探究的兴致；富有同情心，会设身处地思考别人倾诉的事情；有幽默感，不介意别人开自己的玩笑，并且往往有自己独特的说话风格，等等。

语言是内心情感和思想最直接的表达。当用柔美的词语抒发内心的悸动和喜悦，或用强烈的语气呼唤正义与和平时，不仅能够激起共鸣，还可以影响他人。

历史上很多颇负盛名的人物，像诸葛亮、商鞅、苏秦、张仪等，都能言善辩，才学出众。很多流传于世的经典文章，就是出于这些"演讲家"之口。

现在有很多人说自己有"社交恐惧症",觉得与人交往是一件恐怖的事情,刻意回避与人沟通,尤其是语言上的交流,特别怕自己在别人面前出洋相。患有社交恐惧症的人,还会出现一些躯体症状,比如口干舌燥、出汗、脸红、颤抖等。其实,很多人在与人交流或当众讲话时,都会感到胆怯,只是程度不一样。其实这些困难是可以通过练习来克服的。

有专家曾对一对双胞胎姐妹进行观察研究。在遗传、教育和环境基本相同的情况下,姐妹俩的性格却很不一样。姐姐善于说话与交际,自信、主动、果断、勇敢;妹妹却相反,缺乏独立自主意识,做什么事都是跟随着姐姐。专家找她们交谈时,都是姐姐回答问题,妹妹不怎么说话,或偶尔做简单的补充,表示赞同姐姐。

为什么会这样?因为在她们的成长经历中,父母从小就交代姐姐,让她照顾好妹妹,给妹妹做好榜样,什么任务都是交由姐姐来完成。长此以往,姐姐就形成了独立、自主、善交际和果断的性格,妹妹却养成了不主动表达、一切遵从姐姐的习惯。这说明人的性格并不完全是天生或遗传的,而是会受到长期教育和环境的影响。

对于成年人来说,性格更会受到心理状态的影响。如果能改变自己的心态,就能改变自己的性格。建立自信,扩展视野,让自己有安全感，才敢于与人交往，并在各种场合敢于自由发表自己的看法。如果思想表达中充满了激情和有价值的观点，那么就会获得很多人的肯定。与更多人交流也会让视野变得更加开阔，并对自己的生命产生新的认识。

从现在起，学做一个会沟通、会说话的人。

2.语言沟通的基本原则

尊重、坦诚是人际交往的基石。

我们身边不乏沟通高手,他们说话技巧高超,总是能说出让别人感到愉快的话语,还能引导别人,轻松达成沟通目的。在交流中,遵循一些沟通原则,能够营造出和谐的交谈氛围,从而促成有效的沟通。

1. 运用正确的称谓

在与人交流时,首先要记住对方的名字,这体现了对对方的重视。如果对方是客户,更应该运用正确的称谓,不能叫错、写错别人的名字。生活中,我们在遇到不太熟悉的人时,如果对方立刻就能叫出我们的名字,我们的心中肯定会很开心,感到自己被人重视。

初次记对方名字的时候，要核实每个字的发音和写法，对于不常见的字，还可以请教姓名来历。在与对方交流时，多提及对方的名字，并在脑海中将对方的形象与他的名字进行联想，可以加深记忆。也可以借助手机或笔记，记下对方的名字、爱好等信息，以加强记忆。

名字代表独立的个体，是自我意识的一部分。人们往往非常看重自己的名字，希望被别人记住。比如一些富豪资助艺术家或出资建设博物馆，往往会在一些展品上留下自己的名字作为纪念。

能够随时准确叫出对方的名字，会给人留下好印象，这在社交中是简单却又至关重要的一点。

2. 避免当众指责他人

人们通常不愿意被当众指责，因为这会伤害他们的自尊心。无论以何种方式指责别人，在大庭广众之下指出对方的错误，对方都很难欣然接受，因为这伤害了他们的感情。不要一再去证明自己的正确和他人的错误。当众指责无异于挑衅，只会引起对方的反感和对抗。说话要分场合，有分寸才能不让人陷入尴尬。

如果有意见，可以在私下场合与对方沟通，表达自己的观察和担忧，避免在公开场合直接指出对方的错误，让对方难堪。可以先从正面的话语入手，然后委婉地提出问题，并给出具体的改进建议。用提建议的方式更能让人接受，尽量避免用命令式的语气。沟通时，要避免使用贬低性的语言，重点放在解决问题上，而不是对个人进行攻击上。

3. 坦承错误，增进相互理解

人非圣贤，孰能无过。如果自己说错了话、做错了事、捅了篓子，要勇敢地承认。不要害怕被人笑话，如果不承认错误，自己的人品会受到质疑。如果确实错了，认错的态度要诚恳，可以说明引起错误的原因，但不要找借口或推卸责任，否则问题会变得更严重。事实上，承担错误远比寻找借口更容易让人产生好感。

有时，人们上班迟到了会找出各种理由，比如堵车、闹钟调错了等。这些借口或许可以让自己心里好受些，但这反映了一个人的行事风格和做人的态度。一旦养成了找借口的习惯，做事往往会缺乏效率。其实别人只是不说破，心里却在鄙视这种怯懦和虚伪。

如果犯了错，应及时、坦诚地承担责任，获取别人的谅解，做一个敢作敢当、勇于承担的人，这样他人不仅不会轻视你，反而可能对你更加佩服。

4. 多从对方角度看问题

在将要陷入争论时，最好的办法就是避免争论。避免争论，是解决争论的唯一途径。怎样才能避免争论？那就是有一方先停止争论。争论就像干柴烈火，扔进的干柴越多，火就烧得越旺，就越难扑灭。例如推销员在推销商品时，有时顾客会提出质疑。面对质疑，有些推销员总是反驳，坚持自己的商品没问题，是顾客太挑剔了。这种做法往往会让顾客哑口无言，但商品也卖不出去。

我们与他人交流的目的，肯定不是想把事情弄糟。谁都希望让关系顺利发展，双方达成共识和理解，和气才能共赢。即使在争论中获胜，也只是自我满足，并没有真正胜利。以口头之争，很难改变对方已有的想法。现实中，当出现了分歧，可以试着从对方的角度看问题，想想他说的话是不是也有一定的道理。

在生活中，谁都会遇到不悦耳、不认同的声音。有时大家的观念本身没有错，只是出发点不同，于是产生了质疑与争论。我们要克制自己的反驳欲，试着包容和接纳不同的意见。只有人与人之间有了更多的理解，沟通才能顺畅。

5. 鼓励对方分享自己的事

在人际交往中，如果想给对方留下一个好印象，谈话内容要能引起双方的共鸣，一个好的话题是良好沟通的开始。比如，可以从双方共同认识的名家、兴趣爱好等入手。在深入话题的过程中，不要喋喋不休地只顾说自己的事情，而是要耐心地倾听，让对方畅快地表达，从中找到可以继续深入的话题。

6. 引导对方做出肯定的回答

有时候想要获得别人的同意很难，需要巧妙地设计问题，组织语言，避免问一个对方很可能回答"不"的问题。交谈时，不要一上来就直奔主题，也不要提起可能会引起分歧的事情。要先谈论双方能达成一致的事，不断强调你是站在他的角度考虑问题的，慢慢深入，直到说服对方。

小区物业经理在请业主们提供资料时，遇到几位不肯配合的业主。物业经理本来想说"不提交就没法给你们办事儿"，但是转念一想，这么说会让人觉得自己态度强硬，于是就换了语气，向不配合的业主解释了收集资料的原因。他说："这次提交资料是要解决几个问题，比如在电梯出现故障时，我们可以申请更换全新的电梯；冬天暖气不够热、温度不达标时，我们可以更换供暖公司；还有其他需要解决的一些问题，都需要大家的配合。"业主听后，都理解了提交资料的必要性，最后都回家复印并提交了资料。

在与人交流时，我们要耐心倾听和体察对方的需求，多从对方的角度出发，提出关键话题。表达要准确，有感染力，让对方心悦诚服地认同我们。

3.给谈话开个好头

拉近距离，消除陌生感。

初次见面交谈，第一句话、第一个话题至关重要，这关系到我们会给他人留下怎样的印象，这叫作"首因效应"。一个令人愉悦的开场白，可能会使双方畅所欲言；而一句不得体的话，则可能会破坏交谈气氛，失去结交新朋友的机会；过于腼腆，也会让交谈遭遇冷场。总之，如果能有一个漂亮的开场秀，可以为双方打开一扇"新世界"的大门。

与陌生人交流时，人们往往会存有一定的戒心，这是初次交流的一种障碍。初次交流的成败，关键要看如何冲破这道障碍。第一句话的主要任务就是拉近彼此的距离，消除陌生感。

在双方互相问候之后，可以尝试着用以下几种方法开启第一次交谈。

1. 找到能与对方产生共鸣的话题

　　一个人的心理状态、精神追求、兴趣爱好等，或多或少能通过他的表情、服饰、言谈举止等表现出来。首次交谈的话题，可以从对方或双方的兴趣爱好切入，也可以从共同的经历或共同的专业等方面入手，寻找能够引起共鸣的话题，这样更容易被交谈者接受，进而使交谈顺畅进行。

　　有一次在与公司合作方共同外出的活动中，我第一次见到合作公司的一位负责人，他在参加休闲活动时穿了一件羽毛球运动T恤。由于我爸爸喜欢打羽毛球，我给他买过一些羽毛球运动装备，所以对这类衣服比较熟悉。

　　我主动跟他握手，并询问他是不是喜欢打羽毛球，他惊讶地问："你怎么知道？"我说："我看您穿了一件羽毛球运动衣。"他惊喜地竖起大拇指："这都能分辨出来！"在接下来的活动中，他频频与我交流，除了羽毛球，也说了很多自己感兴趣的事情，我们互加了微信好友，后来在公司的合作上也非常顺畅。

　　在工作、生活中要留心细节，积累生活经验，才能找到更多与他人交流的话题。

2. 找到涉及对方切身利益的话题

　　有经验的谈话者，往往善于将自己的谈话与对方的切身利益联系起来。他们注意倾听对方的需求和问题，并尝试理解他们的立场和观点，在适当的时候给予积极的反馈，表明自己在认真倾听对方的想法，理解对方的需要。

如果一个人觉得你很理解他，还能设身处地地为他出主意或者恰到好处地给予支持与安慰，一定会更愿意向你倾诉，话题也会越来越深入，甚至成为无话不谈的好友。

3. 用有趣的故事或幽默的自我介绍开头

引人入胜的故事，能够瞬间吸引对方的注意力，让对方跟着你的节奏往下走。现在很多人喜欢看脱口秀，你也可以用幽默的方式说说自己的遭遇，或者做一个有趣而简单的自我介绍，让对方会心一笑的同时，拉近彼此之间的距离。双方从陌生到熟悉，仅仅一步之遥。

4. 从令人震惊的事情或权威消息开始

生活中、新闻中令人惊讶的事情总是层出不穷，可以提起一些让人震惊的事情或者权威的消息，让对方对自己的话题产生好奇心。

不过第一次见面，不要打听别人的隐私或传播他人的八卦，这会让人避之不及。天气、季节、兴趣、爱好、旅行、健康、服饰、饮食、住所、工作环境、学习专业等，都是第一次与人见面开启交谈的轻松话题。与对方聊聊当前的行业情况或国际形势，以此建立共同的社会认知；聊聊小道消息，可以拉近彼此间的距离；聊聊生活趣闻，可以创造良好的交流氛围。

第一次交谈,如果让对方感受到自己被尊重、被理解和被重视,就能拉近双方的距离,实现良好的沟通。

4.身体语言有助于精准表达

身体语言是正式语言交流中的催化剂。

身体语言是人类的第二语言。身体语言是通过面部表情、手势、动作和姿势等进行的非语言沟通,它们大多是在无意识状态下进行的。

身体语言会对一个人的形象产生深远的影响。

积极的身体语言对形象有提升作用。比如,良好的站姿,会传递出自信、专业的感觉;端正的坐姿,能展现出专注和对他人的尊重;适度而目的明确的手势,可以增强沟通效果并提升形象;微笑着向他人挥手致意,可以给人留下热情、开朗的印象;保持适当的眼神交流,也是塑造良好形象的关键。

消极的身体语言会有损形象。比如,弯腰驼背的站姿或坐姿,会让人感觉缺乏自信,无精打采;交叉双臂抱在胸前,是一种不太友好的姿势；抖腿、转笔或频繁摸头发等过多的小动作，会让人感觉紧张不安或不够稳重；用手指指向别人或者握拳挥舞，会让人感受到威胁；避免眼神交流，总是看向别处或盯着地面，会给人一种不诚实、不自信或者对他人不感兴趣的感觉。

如果我们想给他人留下好印象，应该多采用积极的身体语言，比如自信而平和的目光接触，站直或坐直身体，身体前倾，端正身姿，保持适当的社交距离，面部保持微笑，放慢交谈语速等。

面部表情是最能反映一个人的心理和情绪的身体语言。高兴、悲伤、讨厌、疑惑、痛苦、畏惧、失望、忧虑等情绪，都可以从五官的细微变化中反映出来。在与他人交流时，需通过关注对方的面部表情来察觉不同的情绪反馈，及时调整自己的言辞。

身体语言作为正式语言交流的催化剂，往往蕴藏着很多暗示。研究表明，如果一个人的身体语言与其所说的话不一致，就要以其身体语言为准。比如，来家里做客的客人吃了一些美味的甜点之后，你询问她是否还要再吃点，她可能表面上摆摆手说不用了，但身体前倾，眼睛专注于你旁边的甜点盘，嘴角上扬，那你就要再给她加几块甜点，因为她的身体语言表示她其实还想再吃点儿，只是不好意思说。

如果沟通双方都能理解彼此的身体语言，相处起来就更有默契。不过，身体语言没有绝对的标准，并非千篇一律，应灵活地理解和运用。彼此越熟悉，越能读懂对方的身体语言。比如，对方总是摸鼻子，可能是因为紧张，也可能是鼻炎所致；如果一个人在跟你交谈时总是不正视你，就要考虑一下他是否心不在焉，或者是否在说谎；如果对方眨眼的次数增多，身体总是突然有小动作，音量产生变化，不自觉地假笑、干咳等，就需要考虑一下其讲述内容的真实性。

手势被赋予很多特定的含义，是重要的身体语言，也是有力表达的辅助手段，通常分为情绪性手势、指示性手势、模拟性手势、象征性手势和礼仪性手势五种类型。

高兴时拍手称快，犹豫时抚摸鼻子，愤怒时挥舞拳头等，都属于情绪性手势。用手掌拍拍自己的胸膛，指向某张图片，用手指表示数量等，都是指示性手势。用两只手一上一下表示高矮对比，双手假装握着方向盘，空心握拳表示一个圆圈等表现形象特征的手势，属于模拟手势。熟悉的"V"字形胜利手势、OK手势，表示赞同和表扬的竖起大拇指等，都属于象征性手势。礼仪性手势用于致意，表示礼貌，比如握手相迎、挥手道别、鼓掌称赞等。

在交谈时，恰当地使用肢体动作，能够增强语言表达效果和感染力，增加谈吐的魅力。身体语言能够弥补有声语言的不足，通过有形可视的、具有丰富表现力的动作和表情，协助有声语言将内容更准确地表达出来。

5.塑造好声音

好声音可以增强语言的力量和感染力。

声音是沟通交流的基本工具,我们听到的声音是通过骨骼和空气双重传导的。研究表明,在一条信息的传达过程中,7%依赖语言,38%依靠声音,55%凭借身体语言。

要想成为一名社交达人和说话高手,我们需要塑造自己的好声音。许多人认为好声音是与生俱来的,然而,好声音也可以通过后天练习来改善。

不同的人拥有不同的声音,这受性格因素的影响,也和年龄阶段、情绪状态有关联。语言沟通的内容非常重要,但声音也起到很重要的作用,好声音可以增强语言的力量和感染力。如果我们不具备良好的先天条件,就需要后天付出努力。

我们可以花一些时间听听自己的声音,特别要注意语音、语调和吐字，可以把自己的声音录下来听一听，用文字简单地描述自己的声音和发声方式。除了聆听自己的声音，也可以多听听别人的声音，聆听其中你认为好听的声音，揣摩他们在声音运用上的微妙之处。比如，对于主持人来说，他们非常关注自己的声音，通常会通过专业的发声训练和对语言节奏的精准把握，塑造自己独特的声音形象；配音演员也是如此，通过对气息的细腻控制、音色的巧妙转换以及语调的精准把握，来诠释不同的人物；歌手也需要接受发声训练，注重对发声技巧的打磨，让声音保持连贯和饱满，进而塑造出极具辨识度的声音。

练习声音，先要练气息，学会控制呼吸是发声的基础。腹式呼吸可以储存更多的气息，让声音更加饱满。在表达一些长句子时，需要恰当地利用气息，才能流畅地说下去。可以通过有氧运动增加肺活量，也可以通过一口气读文章的方法练习气息。比如，深吸一口气，开始读一篇文章，直到一口气用完无法继续为止，尽量在自然停顿处换气，如句号、逗号等地方。通过练习，可以学会有效控制气息的方法，并运用到发声过程中，这样就完成了第一步。

接下来，还需要放松喉部，挺起软腭（舌头翘起来，抵触口腔上壁，前面部分是硬的，后面软的部分就是软腭），打开后口腔，舒展笑肌，放松声带，进行共鸣腔体的训练。想要发出洪亮有力、共鸣十足的声音，需要深吸气，彻底呼气，用自然音高说话，主要运用口腔共鸣，辅以鼻腔共鸣和喉部共鸣。可以从1数到 50，从最低音逐渐升高到最高音，还可以换三种共鸣方式，练习过程中在必要处快速换气和深呼吸。

如果说话有口音，经常吞字，就会让人听不清楚，需要练习吐字归音，练习平翘舌、前后鼻音等容易弄混的发音，多做朗读和模仿训练，定期录音。另外，也需要注意自己的音量、语气、语速和停顿等节奏，多加练习，以便让自己的声音更完美。

好声音不仅指发声的技巧，还包括说话时一个人内在与外在的综合谈吐气质。令人听着舒服的声音，能透露出自信、诚恳、亲和或风趣。在不同场合，要明确自己的角色，好声音会为我们的表达效果锦上添花。

第二章

不同场合的说话艺术

1.避免尬聊

话题就在身边。

会说话的人不一定博学多才,但一定深谙人际关系中的圆融与平衡,能够自然而然地吸引、说服别人,与对方相处愉快而融洽。不会说话的人,与人聊天时会让谈话无法继续,变成"尬聊"。

许多人在与他人初次见面或融入一个新环境时,往往也觉得自己在"尬聊",说话只是为了不让气氛凝固。但往往越尬聊,彼此之间感受到的气氛越沉重和压抑。

实际上,我们在与他人交谈时,一个真诚的微笑往往能够有效地打破僵局,向对方传达出"我很高兴见到你"这样的信息。毕竟一个良好的氛围,才能让谈话继续下去。曾有一位人事部经理在谈到他招聘销售人员的标准时,他说宁可雇用一个学历低一点儿、对人总是笑脸相迎的员工，也不愿意雇用一个冷若冰霜的高学历人士。微笑，一定会给你带来更多的机会。

很多人和他人见面觉得没有话题可聊，那么不妨从寒暄开始。比如："我看你发的朋友圈，照片拍得真好！""你这件外套真好看！""在这边生活习惯吗？""最近天气变冷了，多穿点儿啊。""你做的策划案我看了，很棒啊！""今天热得可以直接在大马路上煎蛋了。""采购这么多好东西回来啦！"等等。在寒暄中，需要注意谈话对象，话题的选择要因人而异。跟比较陌生的人以问候为主，跟比较熟悉的人则要看场景，给予适当的夸赞和激励。当然，过度的溢美之词也会显得刻意和客套，所以务必要把握好分寸。恰到好处的寒暄和赞美，恰似交谈中的润滑剂，既能活跃气氛，又能为双方进一步的交流架起一座桥梁。

寒暄之后，怎么找到一个合适的话题，让交流自然流畅地进行下去呢？其实话题往往隐匿在我们身边。我们可以从谈话双方都能看到、听到或感受到的事物中找话题。例如，我们和对方在街上相遇，旁边恰好有一个广告牌，此时便可以聊聊广告上的产品，了解互相的喜好；看到别人的办公桌上摆放着孩子的照片，便可以聊聊他的孩子；如果第一次去别人家里，看到客厅里摆放了一些漂亮植物，可以请教植物的名称和习性，主人既然能够精心照料这些植物，想必对其有较深入的了解，也一定会有很多关于植物这一话题的知识与我们分享。一个好的开场话题，对后面进一步的交流可以起到暖场的作用。

如果有想跟对方探讨的特定话题，不妨直接进入主题。比如刚看完一个演出，可以先简要分享一下自己的感受，通过询问对方对哪方面的题材感兴趣，让其打开话匣子。多让对方开口，可以让谈话进行得更愉快。如果双方在谈论某一话题时出现了片刻沉默，就需要开启下一个话题了。如果对方的表情在东张西望，或者不断看手表、看手机上的时间，那就暗示需要结束当前的谈话了。

　　当双方都能尽情表达自己的观点，而后心满意足地离开，这样的交谈无疑是一次令人愉悦的交流体验。

2.适当的称呼
得体的称呼能使人心情愉悦。

称呼也是一种社交礼仪。恰当的称呼在社交场合中非常重要，它不仅体现了对他人的尊重，还能构建良好的人际关系。在不同的场合，称呼的运用各有讲究。

在商务场合，对于不熟悉的人，需要称呼其为"先生""女士"，在演讲或商务信函中，需要称呼"尊敬的某先生""某女士"。

在职场中，对领导多依职位称呼，比如"主任""经理""主管""总监"等。对于比自己年长的同事或朋友，可以使用"老张""老李"之类随和的称呼。对于跟自己同龄或年纪更小的同事，可以使用"小张""小莫"这类称呼，显得亲切而自然。

对于小孩子，可以称其为"小同学""小朋友"。像"王老""张老"这类称呼,则适用于年纪较大的前辈。

对于特定职业的人,比如老师、律师、工程师、医生等,使用职业头衔称呼即可。

面对邻居或陌生人时,可以根据年龄来推断。比如可以称呼"大爷""大妈""叔叔""阿姨""大哥""大姐"等。

如果有长期交往的可能,在与陌生人第一次见面时,应该尽量询问怎么称呼对方更好。

我的一位邻居和我妈妈的年龄差不多,在第一次见面聊天时,我就询问她的意见:"我该怎么称呼您?"她让我叫她"姐姐"。我虽然心里想"我妈妈跟她见面时该怎么称呼呢",但是既然对方都这么要求了,我就叫她"姐姐"吧,与人交往不就是为了大家都开心嘛。

要养成对人用敬语、对己用谦语的习惯。一般称呼对方用"您",不要使用带有贬低意味的称呼,称呼别人的量词用"位""各位""诸位"。对自己或自己一方的人可以用"个"。

总之,要根据对方的身份、年龄、职业、性别以及与自己的关系,选择合适、礼貌的称呼。得体的称呼既能体现对他人的尊重,又能促进亲密和谐的人际关系的形成。

3.自我介绍

做好自我营销的第一步。

自我介绍是一门技术,运用得当,能在众多场合中给他人留下深刻、良好的印象,为自己赢得更多机会与优势。

在这个彰显个人价值的时代,自我营销愈发重要,而自我介绍是自我营销的第一步。自我介绍所形成的"第一印象",往往会将一个人的形象与风格深深地定型在他人心中。

自我介绍包括应酬式、工作式、交流式、礼仪式、问答式几种。在构思自我介绍时,一定要发自内心地认同自己的自我介绍,这样才不会出现"违和感"。很多不得体、不精彩的自我介绍,恰恰是因为不了解自己,导致自我介绍的时机、内容和形式不尽人意。自我介绍需遵循一个原则:年轻人要主动向年长者介绍自己,接下来年长者再做自我介绍以回应。自我介绍是一种礼节,尽量使用简洁的语言,以半分钟到一分钟为宜。

自我介绍在很多场合都需要,比如工作面试、开会发言、商业谈判、参加聚会等。在求职面试中,自我介绍堪称求职者的"敲门砖",应简洁明了地阐述个人教育背景、关键技能以及相关经验,并且突出与岗位的匹配度和自身的独特优势。在行业研讨会上,自我介绍需要体现专业性与权威性,让同行快速了解自己在该领域的专业成就与研究深度,为后续的学术交流与合作奠定基础。在社交聚会场合,自我介绍则更侧重于展现个人魅力与亲和力,通过分享自己的兴趣爱好和独特经历,迅速拉近与他人的距离,营造出轻松愉快的交流氛围。其内容要视场合而定。

首先,要介绍自己的姓名、年龄和籍贯。女士一般不用对陌生人透露年龄。例如:"您好,我叫张某某,来自重庆。"如果想让自己的语言更有趣点儿,可以加一些修饰语来加深印象,比如"我来自火辣辣的山城——重庆,我们家依山傍水,好吃的特别多,欢迎来玩。"

在非正式场合,可以通过相互提问来完成彼此之间的介绍。当我们简短介绍自己之后,可以问问对方是哪里人。如果我们对这个地方比较熟悉,还可以讲讲自己在这里的经历或对这里的了解,拉近彼此之间的关系。

接下来,可以根据场合介绍自己的工作特性或者兴趣爱好,展示自己的专业性或多面性。在商务场合,可以在介绍完自己的基本情况后,展示自己的工作能力。比如:"我专注于人工智能领域研究已有 8 年之久。我在某知名公司工作期间，参与了多个重要的人工智能项目研发。"在展示自己的兴趣爱好时，可以表达自己在做这件事时的感受。比如："我喜欢游泳，很享受在水中的宁静。"也可以询问对方有什么兴趣爱好，加深双方的了解。

自我介绍的目的是为了让他人更好地了解自己，建立初步的信任和好感。通过简洁清晰的自我介绍，可以让别人快速记住我们，为后续的交流打下良好的基础。

4.避免敏感话题

谨言慎行，避免纷争。

古人云："相交不必尽言语，恐落人间惹是非。"避免敏感话题在社交中非常重要，因为敏感话题可能会引发不必要的争议和冲突，影响谈话氛围。

应该避免谈论别人的隐私，例如财务状况、家庭事务等。有的人总是想方设法打听别人的工资或奖金，这会让人感到不舒服，因为收入属于很重要的个人隐私。曾经有一个朋友，直接问我一个月能挣多少钱，我不想说，只好打个哈哈，用"够自己生活"搪塞了过去。"己所不欲，勿施于人。"关于收入及其他涉及个人隐私的问题，相信没有几个人会随便告诉不熟悉的人，既然自己不愿意告诉别人，也不要随意打听别人的收入和隐私。

要避免对自己的成就高谈阔论。如果我们频繁地炫耀自己的成就，很可能会让别人心理不适，因为这会被视为以自我为中心和傲慢的行为。更好的方式是分享自己特殊而有趣的经历，这样不仅能展示自己的能力，还能激发他人的好奇心或共鸣。

也应该避免没完没了地谈论自己的烦心事。分享过多的烦恼可能会让倾听者感到烦躁，导致对话变得沉闷，甚至可能导致朋友疏远。在职场中，不要随意对同事发牢骚，诉说对公司的不满，如果不满传到老板的耳朵里，很难有合适的申辩机会。可以尝试分享自己克服困难的经验，这样不仅能吸引他人的兴趣，还能传递正能量。如果遇到麻烦事，可以有针对性地寻找帮助，而不是反复地抱怨，事情解决后就需要"翻篇"了。

需要特别注意的是，要避免谈论政治、宗教等可能引发争论的话题，这类话题容易让气氛变得紧张。每个人接受的教育、了解的信息、所处的家庭和环境、看到的"世界"都不一样，我们不能左右别人的看法。如果我们谈论政治和宗教话题时，遇到与自己的意见完全对立的人，就很可能因此产生嫌隙。相反我们可以选择一些轻松的话题，比如旅行、工作中趣事、日常生活等，以保持轻松愉快的对话。

避免谈论家庭内部的纷争。自己家庭内部的矛盾最好私下解决，不要频繁地对外人提及。很多时候，在气头上会有很多片面的想法，也许过段时间自己气消了，想通了，发现其实自己和家人还是很幸福和谐的。但是，一股脑地把家庭内部矛盾告诉了外人，就很可能造成不必要甚至不可挽回的负面效果。如果有比较知心的前辈，可以理性地询问一些处理家庭矛盾的方法，而不是去抱怨、中伤家人。理性处理，给自己缓和的时间，可以保护家庭的和谐与安宁，防止被心怀叵测的人利用。

避免谈论他人的是非长短。在日常聊天时，有的人口无遮拦，会嘲笑别人的外貌或讥讽别人崇拜的偶像，甚至调侃别人的缺陷等。负面信息的传播速度比你想象的快得多，很多时候，你在对别人说"不要告诉别人"的时候，对方已经想好跟谁说了，可能还会添油加醋，你说出来的话很可能会被曲解，传播出去后造成难以预料的后果。

在人际关系中，我们要保持对别人的尊重和理解，谨言慎行，避免触碰可能引发纷争的敏感话题，这样才能创造和保持和谐友好的交往环境。

5.不得不说的场面话

场面话是应酬技巧和生存智慧。

在日常生活和工作中,我们时常需要参加一些应酬,比如去别人家做客,参加会议或聚会等。不管是否想应酬,该说的场面话一定要说,因为场面话犹如社交场合中的润滑剂,发挥着微妙却至关重要的作用。

场面话是在特定场合下所说的客套话,是"人情社会"中交往的构成部分,是一种应酬技巧和生存智慧,为的是在日常交际中维持良好的氛围和关系。

在参加会议时,要夸赞举办方准备得周到,给人一种宾至如归的感觉。跟其他与会者交谈时,可以从穿衣风格方面夸赞对方,也可以表达出专业能力上的崇拜。场面话可以拉近自己与他人的距离,使沟通更加顺畅。

在商务宴请中，场面话是营造和谐氛围、促进合作关系的关键要素。例如，两位老板初次见面，一方可能会说："久仰您的大名，今日得见，真是三生有幸。"这样的话语，虽然可能略带夸张，却能迅速拉近双方的距离，让彼此在轻松愉快的氛围中开启对话。商务社交中的场面话并非虚伪的奉承，而是遵循商务社交礼仪，以一种礼貌且积极的方式表达对对方的尊重。

如果你去别人家做客，一定要感谢主人的邀请，可以称赞房子的装修风格、室内布置陈设、主人精心准备的美食等，比如"房子布置得太有品位了，每一处细节都彰显了用心，这桌菜更是色香味俱全"，让主人觉得自己的品位得到了认可。在这种场合下，场面话是对他人的尊重与认可，也是维护良好人际关系的有效手段。

在社交聚会里，场面话也不可或缺。当遇到许久未见的朋友时，说上一句："你真是越来越年轻了，最近是不是有什么好事呀？"既表达了对朋友的关心，又能令对方心情愉悦，使得交流更加顺畅。在参加婚礼时，一定要称赞新郎新娘"郎才女貌"。

遇到别人当众请求自己帮忙时，如果自己不能提供这种帮助，直接拒绝会很难堪，也会得罪人，这时可以说一些场面话，比如"我会尽力帮忙的"，以此来缓解气氛。如果别人请你帮忙做一件自己无论如何也无法完成的事情时，可以说"我真的很想帮你，但我实在没有办法完成，你要不先找找其他人"，这样既表达了自己的难处，又给对方留有余地。

在社交场合中，如果遇到意外情况，更需要运用幽默和机智的场面话来化解尴尬。

有一次，我跟二十多位多年不见的小学同学聚会，有一位同学千里迢迢赶过来，带来了当地名酒和精致的小酒杯。在一张备餐的桌子上倒好几十杯酒后，他一端起托盘，就有两个杯子掉到地上摔碎了，这位同学看着地上的杯子一脸尴尬。这时，一位男同学立刻站起来说："碎碎平安！今晚我们要一醉方休了！"这样的幽默表达不仅化解了尴尬的气氛，还让大家都感到轻松愉快。

需要注意的是，场面话虽有积极意义，但也不能过度依赖或滥用。场面话应建立在真诚和尊重的基础之上，如果只是一味地说些空洞无物、阿谀奉承的场面话，久而久之，就会失去他人的信任。而适时的场面话不仅不会令人厌恶，反而能为语言添彩，使人在社交场合中更加耀眼。当然，我们也要分辨哪些话是场面话，避免误解。例如，在聚会散场后，主人说"欢迎下次再来玩"，我们可以不必当真，这往往是一种出于礼貌的社交表达，旨在避免散场时的尴尬冷场，维护良好的社交氛围。

在恰当的时机说恰当的场面话，可以让我们在社交场合游刃有余，为生活和事业助力。

6.说话的禁忌

远离禁忌,方能广受欢迎。

自古以来,人们就有一些不同场合的说话忌讳,其中不少已成为约定俗成的说话规则。在人际交往中,每个人都希望获得别人的尊重,不希望别人提起令自己不愉快的事。如果触犯了他人的忌讳,很容易引起对方强烈的反感,造成社交失败。另外,说话不要揭短,避免唇枪舌剑。

参加婚礼时,谈话中不要出现"离""散"等字眼,不要提及某人离婚等消息,要选择得体的祝福,表达对新人的祝愿。

在看望病人时,要先了解病人的病情,再送出自己的祝福。比如,在看望患有严重胃病的人时,祝他"能吃能喝,早日康复",就会引发病人的痛苦情绪,因为他最苦恼的就是吃不下饭。对病人一定不要说出"脸色好差""伤口这么深"之类给人心里添堵的话，提供具体的帮助和温暖的祝福就好。

参加丧礼时，因为是伤心悲痛的场合，说话者的表情及说话内容要非常慎重，避免提及不吉利的词语，避免议论逝者。要真心地安慰和关怀家属，低声细语，保持庄重肃穆的氛围。

面对有缺陷的人，说话尤其要注意分寸。比如，不要夸赞谢顶的人："您真是绝顶聪明！"对肢体机能不健全的人表达赞美时不要说："我对你佩服得五体投地！"否则，有生理缺陷的人很可能会以为你在嘲笑他们。

要及时了解身边人的近况，比如某位同事刚离婚，不能夸他"事业有成，家庭幸福"，以免触及他的伤心事。

不要曝光朋友的隐私。不管与他人的关系有多好，也绝不能将其他朋友的隐私告诉第三方，否则你和朋友之间的关系会瞬间瓦解，其他人也会对你避而远之。

喋喋不休和表意不明，也是很严重的说话禁忌。如果我们没完没了地自说自话，会令倾听者感到厌烦。应该准确、简洁地表达出自己的意图，使别人乐于接受自己的观点。

克服讲粗话的毛病。一些不好的口头禅如果形成了习惯，会脱口而出，自己还很难意识到。有坏习惯的说话者，需要时常提醒自己或让别人监督自己，改变讲粗话的毛病，否则在社交中会让人反感。

不要随意插嘴。别人讲话时，要认真倾听，让人把话说完，不要轻易打断别人说话。正确的做法，是在别人说话的时候，使用"怪不得""原来如此"等语句来接话,让别人感觉你在认真地听。等别人说完后,你再开始表达自己的想法。尊重别人,让别人把话说完,是基本的社交礼貌。

在与他人谈话前不要吃洋葱、大蒜等有刺激气味的食物,也不要唾沫横飞。在公共场合交谈时声音不要太大,要顾及周围人的感受,语速也不要太快,以对方能听清的音量和语速为宜。过于频繁的动作和夸张的手势,也会让人显得缺乏修养。

这些说话的忌讳不仅影响个人形象和人际关系,还可能导致不必要的麻烦和冲突。因此,我们在说话时要注意这些细节,做到礼貌、得体、尊重他人。

第三章

打造高效职场口才

1.面试技巧

做好自我介绍与高质量问答。

好口才是我们在职场中顺利发展的重要保障之一，若想进入心仪的公司，首先需要通过面试官的检验。面试是一个短时交流的过程，会产生首因效应。面试时如何说话，如何让对方产生认可和信赖，直接关乎未来的职业前程。

面试前的信息准备至关重要。首先，要对面试的公司进行深入细致的了解，包括规模、经营状况、企业文化、发展历史和所在行业信息等。这样，当面试官问到"你为什么想加入我们公司"时，才能给出有根据的回答。其次，需要仔细研究岗位的职位描述，了解应聘职位的工作职责和所需技能等，进而知晓自己是否满足这些要求。另外，也需要准备好自己的问题，避免在与面试官互动交流时，自己的提问浮于表面，缺乏深度思考。对于面试官会提什么问题，挑什么毛病，需要提前预判，想好应对策略。

面试时的着装打扮也至关重要。可以选择比较正式的服装，避免过于随便和花哨的装扮，务必做到整洁大方。对于女性来说，淡雅的妆容能给人留下好的印象，应避免化浓妆，除非是一些时尚类的职位，否则避免另类和过分时尚的打扮。男士要确保衬衫干净，皮鞋光亮。总之，着装应与所申请的职位相符，展现专业和尊重。

自我介绍是面试中至关重要的环节，高质量的自我介绍，可以让面试官对你有初步且良好的了解。为了确保面试效果，在面试前，可以在家中镜子前练习，确保内容清晰连贯、叙述流畅、声音响亮。除了简历上的基本信息，还可以提及自己对当前公司和职位的理解，以及个人的未来规划，让面试官觉得你与应聘职位的匹配度很高。也可以与家人或朋友进行模拟演练，确保在真实面试中不会因紧张而出现逻辑混乱或遗漏重要信息的情况。

自我介绍的时间一般控制在 3～5 分钟。如果计划用 5 分钟来做自我介绍，开头 1 分钟可用于情况介绍，比如教育经历等；接着用两三分钟描述最近三到五年的工作经历与专业上的成就；其余的经历用 1 分钟简要概括即可。如果最近两年没有太多学习或工作经历，可以介绍自己认为最有价值的一段经历。

在介绍自身经历时，一定要把自己曾经做过的事情阐述清楚，比如对应时间节点的工作单位、地点、岗位、职务、工作内容等。介绍个人业绩时，把自己在不同阶段做的有代表性的事情清晰呈现，与应聘岗位需要的能力相关的业绩应着重介绍，因为面试官关注的是对自己单位有用的业绩。还要注意介绍个人业绩而不是团队业绩，要把自己最精彩的一两段业绩重点呈现出来，因为用人单位要招聘的是个人，而不是过去所在的团队。介绍自己最擅长的方面时，一定要紧密围绕应聘的岗位展开。其他特长，如果特别突出可以介绍，但要点到为止。

在自我介绍时，尽量不要提及过多的兴趣爱好，比如旅游、看电影、打球之类的，不仅浪费宝贵的面试时间，还会让面试官感觉应聘者不够成熟，心思不在工作上，毕竟个人爱好不等于个人特长。

整个自我介绍的过程，就是向面试官描述这几个问题：你是谁？你做过什么？你有什么成就？你接下来想做什么？

在面试过程中，要注意表情管理和肢体动作，保持自然的眼神接触。微笑可以传递亲和力，坐姿要端庄，手势自然流畅，避免过多小动作，要展现出谦逊、诚恳的态度。

一般在自我介绍后，面试官会提出问题。此时要用心聆听面试官的问题，适时点头回应，通过真诚的回答和适当的提问与反馈，展示良好的互动能力。在互动过程中，要观察面试官的言行，适当调整自己的沟通方式，使双方感到舒适自在。

关于面试官的提问，如果是开放式问题，比如"你觉得自己遇到的最有挑战性的事情是什么""你对我们公司的印象是怎样的"等，通常无固定答案，关键在于展示思考过程和独到见解，可以运用"观点＋理由＋实例"的框架作答，使自己言之有物、言之有据。

如果是封闭式问题，比如"你愿意去上海工作吗""你是否做过秘书工作"等，直接、简洁地作答即可，不要兜圈子，也不要画蛇添足。

如果是行为型问题，比如"你之前参与的项目听起来很不错，那你为什么离职""你喜欢独立工作，还是集体工作"，可以运用STAR法则讲故事，让面试官一听就明白你的经历和想法。STAR，即情境（Situation）、任务（Task）、行动（Action）、结果（Result）。

如果是压力型问题，比如"如果团队里的同事不配合，你怎么办""你认为我们这个项目还有哪些不足"等，请保持冷静，理性分析问题，提出积极的解决方案，展现自己的抗压能力和应变力。

在与面试官交流中，也可以提几个之前准备好的高质量问题，比如公司的未来发展规划、岗位晋升路径等，显示出你对应聘职位的深度思考。

在面试结束后，要真诚地感谢面试官给予的面试机会，同时表达对加入公司的期待，为面试画上完美的句号。

2.给领导留下好印象

提升自己的可见度。

会说话的人，能使自己的才学得到更充分的展示，进而推动事业更上一层楼。身在职场，卓越的口才和精妙的对话，能够引发领导的重视，拉近与领导的关系，增加自己的职业优势。

有的人在公司工作了一两年，领导连他叫什么名字都不清楚。如果不能让领导记住自己，又怎么能得到认可呢？在众多的下属中，想要领导注意你，就得让他听见你的声音，提升自己的"可见度"。

对直接领导和更高级别的领导，应该予以充分了解。比如，通过询问其他同事、上网搜索相关资料等，了解领导的背景、经历、性格、喜好等。熟悉基本情况之后，在与领导沟通交流时才能得心应手，不至于出现低级错误。如果能聊一些引起共鸣的话题，还可以更快地赢得对方的信任。

很多父母教导孩子要保持低调，秉持少说多做、沉默是金的原则，因此很多人在职场上总是埋头苦干，把自己藏在电脑、办公桌后面，埋没自己和自己的想法。但纵观职场，往往是那些能言善辩、敢于大胆展示自我的人，在工作上更加游刃有余，也更容易得到升迁的机会。所以，应该让领导有机会看到并了解我们，增加自己的存在感。比如，每当遇到领导时，都应主动热情地打招呼，克服对领导的畏惧心理，见面时大方自然地问好，有机会就多聊几句，不要冷场，这样才能在领导面前树立存在感，进而与领导更好地交流。

在平时的工作中，要多提高自己的曝光度。参加会议时，要提前做好功课，尽量踊跃发言，说出专业见解。当出现别人都不愿意碰的"硬骨头"时，如果在自己的能力范围内，应主动请缨，在众人之中脱颖而出。

参加团建活动或聚会活动，也是和领导拉近关系的时机。这时，大家都卸下了工作中的包袱，心情都放松了下来，可以找机会多与领导聊聊天。当领导总是能看到我们，总是能听到我们的声音，了解我们的能力，在有需要的时候，自然也会想到我们。

很多领导都希望员工能多汇报工作，因为领导需要全面了解工作的进展情况，及时汇报工作，也能让领导尽早发现潜在的风险。对于员工来说，积极汇报工作可以加强员工与领导之间的沟通，也能展示员工的工作积极性和责任感，会让领导觉得该员工对工作认真负责。比如，在一个团队中，有两位员工能力相当，但一位员工总是主动汇报工作，另一位员工则很少汇报。领导往往会对主动汇报工作的员工有更好的印象，在晋升、奖励等机会面前，有可能也会倾向于考虑前者。

需要注意的是，无论是在日常交流中，还是在正式交谈中，与领导交流的用词都要谨慎，要避免以下几种情况。

第一，避免说一些过于傲慢的话，比如"我早就知道""太晚了""您还不知道啊""这是常识""大家都知道"，这会让领导觉得你带有鄙夷、责怪的意味。

第二，避免说一些不负责任的话，比如"都行""随便"，会让领导觉得你的态度敷衍；"这不是我的问题""这个问题是他们造成的""我管不了"之类的话，会让领导觉得你不肯承担责任，没用真心解决问题。

第三，避免说一些放肆的话，比如"老板，你这么要求就过分了哦""我不喜欢这个项目，可以不做吗""这种项目我之前做过，你就别管了"，这会让领导怀疑你的工作态度和礼貌问题。不要以为自己与领导关系比较近，就口出狂言，要摆正自己的位置，毕竟是上下级关系，说话态度要端正。

第四，避免说一些否定的话，比如"这个我做不了""这是不可能完成的"等。如果实在有困难，可以用平和、诚恳的态度向领导说明自己目前面临的困难。这样既表达了自己的处境，又展现出积极解决问题的态度。

总之，在职场中，专业能力是根本，除了提高自身的工作能力外，学习用高情商去待人处事，也是职业发展的必要修行。好口才可以为你增添更多展示自己的机会，增加个人魅力，让领导记住你，从而变成欣赏你的"伯乐"。

3.接受领导指派的任务

积极主动,给足领导尊重和成就感。

职场就像一个舞台,聪明的职场人要学会把握机会,取得领导的信任和赏识,塑造自己值得信赖的形象。在一家公司工作,首先就是要忠诚于自己的公司和领导。下级服从上级这一职场规则,古往今来都是如此。我们对领导指派的任务要全力以赴,对外要维护公司内部团结一致、劲儿往一处使的形象。如果觉得领导的决策有不合理的地方,也要先齐心协力向拟定的目标前进,然后在适当的时机提出更好的改善意见。

如果领导给我们指派工作任务,职场人需要积极主动地承担起责任,不要总是找各种借口推脱,否则长此以往,会埋葬自己的职业生涯。没有哪个领导在给下属分配工作时想听到"不",在领导交代任务时,首先要认真倾听,并且做好记录。"好记性不如烂笔头"，一定要记清自己的任务要点、完成时间，如果是团队合作，也需要记清别人主要负责的事情，需要时方便有针对性地询问。拿着本子和笔仔细记录，会让领导感到我们对待工作态度端正。

对于领导的指示，应认真对待。接受任务时，要表现出严肃、认真、虚心的态度。重视领导吩咐的工作，会让领导感觉到自己备受尊重。

在领导布置完任务后，需要理清思路，礼貌地跟领导确认自己的工作事项，以免在后续出现误会。可以这么说："领导，您刚才交代我们的工作任务，我想跟您确认一下自己理解的对不对。第一点……"也可以请教一下领导："我理解做这件事的目的是……不知道对不对？"抓住需要完成某项工作的最终目的，以便在工作中抓大放小，直达目标。

如果我们觉得在做这件事的过程中可能会出现某些状况，可以在任务开始前根据以往的经验，向领导说明，并说明如果出现某种状况，自己可以提供的解决方案和备选方案。比如觉得自己一个人无法完成某项工作，可以向领导建议和某位有经验的同事互帮互助，能够更好地达到预期的效果。深思熟虑会让领导觉得你经验十足，总结工作的方法细致。如果只是自己知道工作面临的问题，只顾埋头苦干，什么都不说，领导根本不知道在背后曾经付出过多少努力，也看不到员工的闪光点。

既然这项工作任务是根据领导安排去做的，领导也希望能看到项目顺利推进并取得良好成果。可以适当询问："领导，我想把这件事做到更好，特别想听一听您的建议。"当领导提出了恰当的建议，一定要表示佩服和感谢："您提出的建议很有帮助，我会按照咱们的想法来完成这项工作。"

在任务执行过程中，高情商的职场人一定会保持与领导的沟通，及时汇报工作进度，让领导随时了解任务的完成情况："领导，目前这项工作进度是……预计在……时间内可以完成。"这样可以让领导放心，把工作及时调整到最佳状态，避免到最后发现问题时为时已晚。

任务完成后，我们需要反思和评估，总结成功和改进的经验，并跟领导简明扼要地分享自己的想法。比如，可以这样说："领导，这个任务目前已经完成，我觉得在……方面做得比较好，但在……方面还需要改进。下次遇到这种情况，一定会处理得更圆满，我会继续努力。"领导听了总结，不仅会欣赏员工这种积极成长的心态，还能为他自己积累宝贵的经验，进而会觉得我们是有潜力的得力助手。

4.给领导提建议

协助领导让公司朝更好的方向发展。

在工作中,会遇到领导征求大家意见的情况,也会遇到领导决策出现错误的时候,这时,我们该如何恰到好处地给领导提出建议呢?

首先,在提建议之前,要对涉及的问题进行深入研究。如果讨论的是公司的业务流程优化,我们需要了解现有流程的每一个环节和涉及的部门、人员,以及可能出现的问题等。

第二,不同的领导有不同的特点,对于接受建议的方式也不同。有些领导喜欢直截了当地沟通,有些领导则更倾向于循序渐进地沟通。根据领导的特点,选择调整建议的内容和呈现方式。

第三,选择合适的时间和场合。不要在公司业务繁忙、领导压力巨大的时候提建议。因为此时领导的注意力可能都集中在紧急事务上，很难静下心来听取和考虑你的建议。

第四，提出的建议应明确指出问题所在，并提出具体的解决方案，以及实施建议后可能带来的积极成果。对于注重细节的领导来说，建议中可以包含具体的步骤、时间节点和资源分配等内容；对于关注战略的领导来说，可以着重阐述建议给公司带来的各方面影响。

可以收集相关数据和案例来支持你的建议。比如，你发现同行公司采用了一种新的库存管理系统，提高了库存周转率，可以列出该系统的具体运作方式、实施成本等信息，作为你建议公司引进类似系统的有力支撑。如果平时已经获得了领导的心理认同，那么在提建议时，就能达到很好的效果。

以请教的方式提建议，也是一种比较好的沟通方式。先找到方案中的一致性观点，让彼此互相接受，消除戒心，再提出新的观点，更容易让对方接受。说话时，要注意领导的感受和心理变化，在认同领导的前提下，诚恳提出正面的、有数据支持的建议。比如，可以说"您的这个思路开阔了我的视野，我也想到了几点，您看看能否可行……"

如果我们具备专业能力，并且不断了解最新行业发展，为公司提出具有建设性的意见，那么就很容易被接受。我们不必害怕自己表达了不同观点而惹麻烦，如果是从公司的角度想问题，讲清事实和道理，一般来说，领导会予以肯定。只有公司发展得好，每个人的前途才会更好，对大家都利好的建议，相信一定会被采纳。

当我们向领导传达不好的消息时,不要使用消极词语,比如"不好了""大麻烦""有问题""完了"。我们需要做的是,不带情绪地描述事实,不要去主观判断和下结论。在问题扩大前,要及时向领导汇报,争取转危为安。在分析导致问题的原因后,可以提出自己准备好的解决方案,为后续沟通创造一个安全、理性的氛围。

5. 如何面对多位领导

优先完成直接领导交代的任务。

在职场中，有时会面对多位领导，有直接领导、不同级别的领导、人事部领导、合作部门的领导以及公司最高领导等，有的同一部门还有正副级领导。面对不同领导交代的任务，应该如何取舍呢？

直接领导是我们首先要听从的领导，他们直接负责我们的工作，每天的工作也都是由他来指派的，完成任务也是向直接领导汇报。如果有多个部门领导交代我们做事，需要优先听取直接领导的意见，首先完成直接领导安排的工作。

倩倩一天早上刚走进办公室，就被她的直接领导叫去办公室。领导让她制作一张海报，需要在当天下班前制作好，然后交给领导审核，再交由印制部门打印出来，第二天要在一个会议上使用。

下午一点多，倩倩的直接领导想看看海报制作的进度，结果在工位上没有找到人。一问才知道，倩倩被市场部门的领导叫走排练舞蹈了。倩倩的直接领导很生气，打电话把人叫了回来。倩倩说："明天会议开场时，需要跳一段开场舞，市场部经理让我帮忙，我就去了，动作很简单，我很快就学会了。我一定会在下班前把海报做好。"直接领导告诉她："我是你的直接领导，你需要在完成我交代的工作之后，在我批准的情况下，再抽出时间去配合其他部门的工作。"

在职场中，优先完成直接领导安排的工作是较为合理的做法。在公司的组织架构中，直接领导负责管理和协调团队成员的工作。员工优先完成直接领导安排的任务，能够确保工作按照既定的层级和流程有序进行。直接领导对员工的工作职责有明确的定义和期望，他们分配的任务通常与员工的岗位职能以及团队和公司的目标紧密相关。

在处理某项工作时，我们常常会面对多位领导。当多位领导提出的意见不统一时，作为员工应该怎么做呢？

尽可能了解更多不同领导意见的背景信息。比如，不同领导可能基于不同的部门利益、战略重点或者个人经验提出的意见，了解这些潜在因素，可以帮助员工更好地理解领导的意图。综合这些意见，找到其中的共同点，对于不同的事务，需要逐一请示相关领导，求同存异。如果合适的话，员工可以尝试委婉地提醒领导们相互沟通，协调彼此的意见。

根据领导的性格调整自己的沟通方式。如果领导是个急性子，汇报工作时要直接抓重点，简明扼要；对于比较谨慎的领导，表达要细致精确；对于喜欢挑毛病的领导，要心态平和地去沟通。灵活应对不同类型的领导，才能提升工作效率，让工作更加顺畅。

6.如何与同事沟通

好人缘，需要主动创造。

想要在职场有更好的发展，得到领导的支持固然重要，但与同事建立良好的关系也非常重要。我们与同事朝夕相处，在某段时间内可以说是"陪伴"我们时间最长的人。良好的同事关系，能帮助我们排除压力，获得自信，有利于工作的顺利展开。

与同事沟通，首先要使用恰当的称呼。可以根据职位等级称呼：对于职位比自己高的同事，可以直接称呼其相关职位，比如"陈经理""王主管"等；对于职位比自己低但资历较深的同事，可以称呼为"某某老师"；对于技术人员，可以称其为"某工"，比如"赵工""李工"，以示尊重。

对于与自己同级或职位较低的同事，可以根据年龄大小来称呼：面对年纪大的同事，可以称其为"某哥""某姐"，对于年轻的同事,可以直接称呼名字,或者加上"小"字,如"小张",这样会让对方感觉更亲切。

在职场中,同事不等于朋友,称呼不应过于亲密,尤其是在彼此还不熟悉的情况下。要注意观察同事对称呼的敏感度,不要引起对方的反感。职场新人可以先观察其他同事如何称呼,再礼貌地询问同事希望自己如何称呼。

上下班路上遇到同事,要热情地打声招呼,给对方一个微笑,这样会收获一天的好心情。

在日常工作中,团队合作、同事间密切配合对于工作的顺利开展非常重要。与同事沟通,要注意以下几个方面。

(1)保持礼貌的语气,避免使用命令式、指责式或嘲讽式的语言。

(2)作风要正派,不要说别人闲话。

(3)要有协作意识。互相支持和帮助,可以提高工作效率和质量。

(4)不要斤斤计较。斤斤计较很容易引发同事之间的冲突,如果因为一点小事就争论不休,会浪费大量的工作时间和精力。当我们不斤斤计较时,同事也会更愿意和我们分享信息和资源。

(5)虚心向老同事学习。老同事在岗位上工作了多年,往往知道哪些隐藏的环节容易出现问题,知道应该如何应对,他们的宝贵经验值得我们用心学习。

(6)遇到分歧和异议时,要有同理心,懂得换位思考。如果同事反驳我们的观点，可以从他的角度来思考这件事对他的影响，有哪些障碍让他无法支持我们，可能就会理解同事的观点。

（7）沟通时不要带个人情绪。要就事论事，不能因为对某个人的喜恶影响了对工作的判断。不要自己喋喋不休地说，要多听取同事的建议。

（8）认真倾听对方的表达，及时反馈。在仔细了解对方想法的基础上，给予对方积极的回应。多肯定同事的劳动成果，每个人都希望得到积极的反馈。

（9）当发现可能存在理解偏差时，要及时澄清，然后用更详细、更准确的方式重新传达信息。

（10）不要盲目主观地对同事进行好坏区分，没有十全十美的人，每个人都有自己的优点，有自己擅长的事情。任何时候都不要伤同事的自尊心，以宽阔的胸怀待人，才能获得同事的尊重和欢迎。

（11）多关心同事。遇到同事生气、哭泣、愤怒、独自伤神等情况时，要表示关切。就算不说话，拍拍肩膀，递张面巾纸，倒杯热水，也能温暖对方。

（12）保持中立。对于别的同事的八卦，不要发表明确的意见，避免卷入不必要的纷争。

在办公室环境里，有以下几方面要注意。

（1）不要互相打探薪资待遇。

（2）避免涉及同事的隐私，即使是同事自己提起，也要三思而后言。

（3）不要在办公室里大谈自己的人生理想。比如谈几年后自己想坐到什么领导的位置上，或者要创业做什么项目，这等于在为自己树敌。

（4）不要与同事互相借钱。不管是你找同事借钱，还是同事找你借钱，这种事情都尽量避免。

（5）不要跟同事说其他同事或领导的坏话，好话传不出去，坏话可以瞬间传遍整个公司。不要给自己贴上喜欢说闲话的标签。

（6）在工作群里，不要谈论工作以外的事情。

（7）避免办公室恋情。很多公司不允许发生办公室恋情，一旦发现，会将其中一方调离。

在职场中，和同事相处是必不可少的。不管我们遇到什么样的同事，都要和平相处，这也是工作的一部分。同时，职场里也需要边界感，同事之间保持一定的距离，可以更好地保护自己。

一个良好的工作氛围，会让我们的职业道路更加顺畅。

7.如何与下属沟通

明确交代工作任务，协助完成工作目标。

有的管理者为了保持威严，刻意与下属保持距离；有的管理者与下属称兄道弟，这都不是理想的上下级关系。那么，怎么与下属沟通，才是有效的沟通？其实，与下属沟通的关键在于营造良好的沟通氛围，多倾听和理解下属的需求，采用适当的沟通技巧，让下属更好地完成本职工作。

作为管理者，应保持良好的修养，恰当控制自己的情绪，避免在下属面前大发脾气，以免让下属不敢表达自己的想法，影响获取多方面的信息。如果管理者让下属觉得他是一个脾气非常差、情绪不稳定的人，他们就不敢说太多的话，那么管理者可能会对实际的基层情况毫不知情。积极的激励和消极的指责，会给下属带来完全不同的感受和结果。积极的鼓励能让下属更加放松，减少挫败感，从而更愿意坦诚地交流，并顺利地接受意见。

管理者应该多听少说，多听下属的意见，理解他们的想法，然后再表达自己的观点。有一些处于领导岗位的人，由于工作繁忙，在下属来谈工作时，还停不下手里的事情，给人一种敷衍的感觉，自尊心强的下属会对领导产生反感。人与人的沟通是双向的，要尊重下属，礼貌倾听，才能让彼此的关系更近，才能赢得下属在工作上的配合和信任。

管理者要学会以柔克刚，在意见不合或下属顶撞时，要保持冷静，不要用权力逼迫下属，而是要通过沟通和理解来解决问题，展示自己的大度和宽容。在劝说下属时，要多站在对方的角度考虑问题，抓住下属关注的要点，这样更容易沟通成功。

当下属遇到问题时，管理者可以通过询问，让下属详细描述问题的起因、经过和结果，保持冷静和客观，避免过早下结论或指责。通过问"你怎么看？"来引导下属独立思考，激发他们的创造力和解决问题的能力，同时保持尊重和开放的心态。管理者不要在下属面前说一些兑现不了的大话，这样会有损威望。

不要公开指出下属的错误，可以在一对一交流时直面问题，就事论事。每个人都需要得到尊重，适当地给下属留足面子，才能赢得他们的尊重。

交代下属工作，要明确而可执行，也要制订每项任务的时间节点，否则总是催促"要尽快"，没有具体的时间节点，就无法制订准确的进度，而且"截止时间"也是最高生产力，一定不要忘了给分配出去的任务设置优先级和时间排序。

对于下属在不合适的时机申请休假、升职、加薪等，管理者难免要用到拒绝的技巧。如果拒绝请假，可以从公司规定上找到对应条款，可以解释这个时间段公司工作任务饱满，无法满足员工休假需求，也可以解释因为其他员工休假，导致这一时间段缺乏人手，待其他员工回来后再批准休假。处理升职、加薪的事情时，避免承诺无法实现的事情，实事求是地告知员工具体情况。

俗话说"千金易得，一将难求"，遇到比较优秀的员工跳槽，管理者应该及时挽留。通常来说，人们离职的原因有收入问题、工作环境、职业理想、人际关系、身体问题、家庭原因、继续深造等。管理者应与员工耐心交谈，了解实际原因，并及时与其他领导探讨出最佳解决方案。

管理者与下属之间有效沟通，可以建立顺畅的工作交流通道，增强团队的合作与凝聚力。管理者既要关注下属的个人发展，也要及时巧妙地指出问题，培养员工的职业素养，让其更好地协助自己完成既定目标。

第四章 销售与谈判技巧

1.口才在销售中的重要性

口才是销售工作中至关重要的技能。

作为销售岗位的员工,口才具有极其重要的作用。高情商的口才能够建立良好的客户关系。从开始接近客户,销售洽谈,到建立合作关系,都需要销售人员创造良好的沟通氛围。销售人员的好口才可以吸引客户的注意力,让销售人员自如地与客户进行交谈,激发客户兴趣,让客户了解产品和服务的价值,刺激客户的购买欲望。

好口才还可以帮助销售人员巧妙地处理客户异议,化解客户的顾虑,促成后续合作。优秀的销售人员不仅要修炼口才,还需要具备丰富的产品和专业知识,这样与客户交流时才能更有说服力,更容易建立信任感。

无论哪个行业都需要具备销售思维,这是因为销售思维不仅仅适用于销售岗位，而是适用于所有行业和职业。如果我们练好销售口才，对自己的职业生涯一定大有裨益。

2.销售的开场白

从陌生到接受。

面对客户做推销时,想让对方从陌生或质疑转变为接受和信任,精彩的开场白是重中之重。如果是去对方公司面对面推荐自己的产品,就不要急于卖产品,首先要让自己的形象与行业匹配,穿着得体,举止大方。耐心而热情的态度,清晰而简洁的自我介绍,专业全面的产品介绍,三者缺一不可。

拜访客户时,要先了解接待者的姓名、职务,了解对方公司的需求。初次见到客户时可以这样说:"张经理,您好!我是××公司的小王。您在百忙之中抽出宝贵时间接待我,非常感谢!"必要时需要递上自己的名片,可以说:"这是我的名片,请多指教!"也可以提及彼此都认识的为这次见面牵头的熟人,告诉对方是某位领导或前辈介绍自己过来的,以便拉近彼此的心理距离。

然后，可以赞美对方的办公环境，比如装修和摆件有品位，进而夸赞对方干练、懂审美。接下来就可以询问对方之前是否了解自己的公司以及产品："您以前了解我们公司吗？"可以给对方一些思考的时间，然后过渡到介绍公司和产品的流程上。开头尤其要注意在一定范围内抬高自己公司在行业里的地位，比如："我们公司是国内最大的专做××的企业，我们的市场占有率位居第一。您作为负责人，肯定也关心产品的质量和成本控制。今天我来就是跟您交流一下，看看我们有没有能为贵公司帮上忙的地方。"

如果你在见客户前搜集过关于客户的资料，了解客户的兴趣爱好，也可以从这方面入手，与客户聊聊他擅长的事情，在对方侃侃而谈之后，再谈生意就更加顺畅了。

如果我们并非去其他公司拜访客户，而是在商场或促销活动中面对客户推销，也不要张口就说买不买、要不要，这样说话肯定会让人排斥。可以直接介绍，比如："您好，我们是专注于生产××的公司，最近产品升级，可以提供更高质量的服务。我注意到您对相关产品感兴趣，想请问您是否有两分钟时间，我给您介绍一下我们如何能帮您解决具体问题。"

开场白要提前设计好，根据不同的产品特性和客户群体设计合适的开场白，提出一些接近实际的问题，让对方不得不回答"是"，这是和顾客打交道的好办法，有利于销售。在设计开场白时,可以运用以下策略。

(1)制造"与众不同"。我们需要根据产品特性、所处的环境、面对的客户类型来创新推销方法。比如,推销东北大米的销售人员,可以在衣服上印一组大大的数字"86000"。顾客感到奇怪时,会问"这数字是什么意思?"销售人员便可以回答:"按照我们的平均寿命计算,一个人一生大概要吃86000顿饭……"当然,也可以把这句话直接印在产品宣传页上,用一组新奇的数字瞬间吸引客户的注意力。

(2)利用好奇心。可以提出令人产生好奇的问题或制造神秘的氛围来吸引客户的注意。例如:"您知道吗?用了这款××产品,可以为您家里节约一半的用电,想看看它怎么省电吗?"

(3)列举名人或知名公司。可以告诉客户有哪些知名人士或有名的公司已经购买了自己的产品,比如:"××公司已经采购了几台我们的产品,他们现在做出来的东西质量更好了,经营状况大有起色。"以此来激发客户深入了解的愿望。

(4)现场演示。可以将产品的实用性、可操作性表演给客户看。可以说:"说一千道一万,不如直接试一试。简单三步……搞定!"现场演示可能会让本来没打算购买产品的人产生购买欲。

(5)提出问题。可以提出客户关心的问题,引导客户进入对话。比如:"您认为影响贵公司产品质量的主要原因是什么?"这种方法可以让客户参与到对话中,并关注销售人员提出的问题。

(6)利用限时活动。可以告诉客户在一段特定时间内,产品有折扣，或者附赠一些辅助产品和服务，让客户尽快做决策。可以这样说："现在这个活动特别优惠，是为了回馈老客户。如果您在这三天内购买，将会享受最大的折扣。"

有效的开场白应当简洁明了、个性化且能够迅速引起客户的注意。在开场白之后，要根据客户的反应灵活调整对话内容，保持耐心，倾听客户的需求，并适时提供解决方案。

成功的销售不仅仅是推销产品，更是建立信任、理解客户需求并提供价值的过程。

3.确定产品的卖点

找到客户的期待。

销售的虽然是产品,其实是在满足客户的期待。很多工作职位不一定被称作销售,实际上却在影响消费者的购买决策。

有一次在一家理发店洗头发,一位理发师给我吹干时,问我:"需要吹干还是吹好看?"我愣住了,心里嘀咕:"谁来理发店吹头发不是为了吹好看点儿?"因为这句问话,我瞬间对这位理发师产生了厌烦心理,觉得这个人连自己干这行是为了什么都不清楚。

之前,其他理发师从来没问过我这个问题,都是吹出他们觉得合适的样子,让顾客美美地离开。这位理发师见我没回答,又问:"你是想随便吹吹,还是要吹个造型?"我本来要求也不高,只是对这个人产生了反感,就说了句:"你看着办吧!"于是,他真的就只给我随便吹干了事。

后来,我再也没找过这位理发师理发。美发行业虽然没有具体的产品,但这个行业的卖点不就是让所有走进店内的顾客变得更美、更帅吗?如果连自己行业的卖点都抓不住,不能满足顾客的期待,就无法让顾客买单。

销售人员在推荐某款产品时,不要只强调产品性能,更需要向客户说明,如果他购买了这个产品会为他带来什么益处。我们应该围绕客户的需求,并站在客户的立场来考虑问题。"如果我是他,我为什么要买这款产品?"透过客户的视角去思考,才能深入了解客户的需求,和客户想要达到的目标,也就能抓到产品的重要卖点。

有一次我想在地下车库的上方安装铝合金门窗,主要是为了避免院外的小动物跑到车库里"上厕所",就找了一家做门窗的师傅来家里测量尺寸。

在测量时,我让师傅在拱门上方留出一个小窗户,让已经在天花板筑巢的小燕子可以自由进去。我发现虽然我把需求清楚地告诉了师傅,但师傅并没有理解我的期望,还是像背书一样跟我介绍:"我们的门窗密封性好,非常保暖……"这一句让我很惊讶,感觉自己白说了半天。我打断他说:"这不是家里,只是地下车库,没有保暖的需求。而且我刚才说了,要在门上面开个窗,长期开着,不需要保暖。"

其实，我最需要的是怎么在空间有限的拱门上方设计方便开关又防风还好看的小窗，怎么设计防止小动物钻进去又便于地下室通风的大窗户……完全不需要考虑保暖。

每种产品都有很多特性，如果客户表达了自己的需求后，销售人员不能立刻捕捉到针对特定问题的卖点，无法满足客户的期待，就很容易错过一次本可以获利的机会。

如果客户并没有清晰的需求，销售人员可以帮助他分析利弊，找准卖点，也能激发并满足客户的期待。

有一位顾客走进卖电器的连锁店，想看看热水器，但是对于型号犹豫不决，不知道该买大一些的，还是小一些的。

销售人员在询问了她家里几口人和生活习惯之后，告诉她："买这款大的更好，存水更多，烧水更快。这个品牌已经做了五十多年，使用起来安全有保障。大家晚上在一个时间段里洗澡，如果太小就需要一个一个地等，每天都等，会浪费很多时间。买大一些的，洗澡、洗手、洗菜，都会很方便……"

本来还在考虑价格差异的顾客听完后，觉得只有大的这款才能满足自己家庭的需求，所以毫不犹豫地购买了大号热水器。

优秀的销售人员，会在了解客户的情况和客户的期待后，运用易于被客户接受的说法，突出产品优势，激发客户的购买欲望，从而售出自己的商品。

4.如何应对客户的拒绝

及时询问，提供更多价值。

作为销售人员，面对客户的拒绝，是一件非常正常的事，推销就是说服客户从不购买到购买的过程。销售人员应该从客户的拒绝中搜集有效信息，找到应对策略，说服客户转变想法，最终赢得客户。

很多销售人员在刚开始工作时，每天都在被客户拒绝。有的人会抱怨产品不好，有的人觉得公司制度有问题，有的人认为自己没有客户积累，根本卖不出东西。其实，没有永远的拒绝，也没有完美的产品，关键在于我们能否为客户找到与产品适配的理由。

有的客户在挑选商品时，总是拿不定主意，不知选A还是选B，甚至买或不买都行。销售人员一定要抓住时机，及时询问，为客户提供更细致的介绍与服务，让他觉得购买行为会让自己或相关的事情变得更好。

有一个女孩在一家男士服装店里走来走去，看着各种领带犹豫不决。这时店员走过去问她："美女，您是在为一位先生挑选领带吗？"女孩说："我就看看，今天先不买，到时候带我男朋友来选。"

女孩正要转身离开时，店员赶紧对她说："你是不是想看到男朋友系的领带是你喜欢的样式？"女孩点点头。店员说："那就应该由你来挑选样式哦。我们店刚进了几款最新的样式，你男朋友系上一定很帅，颜色也有很多选择。有的客户已经购买了其中的几条，您要是喜欢，我可以放在男模特的衬衣上给您试试。"店员边说边打开一扇玻璃门，拿出精心包装的领带呈现在女孩面前。在店员的一再劝说下，女孩买下了一条她心仪的领带，美滋滋地走出了店门。

如果客户没有明确的购买意愿，销售人员一定不要表现得着急，可以通过满足对方更多的条件来吸引客户，突出自己产品的独特之处和受欢迎程度，激发客户尽快购买的欲望。

有的客户总是说"我再去其他家看看"，销售人员需要及时询问是对价格、产品质量还是售后服务需要做对比，弄清楚客户重点关注什么，再强调自家产品的优势。如果客户觉得"太贵了"，就要突出质量优势，比如"这款产品在质量方面下足了功夫。这种材料不仅结实耐用,而且具有出色的性能。虽然看似价格高一点,但从长远来看,它能为您节省更多的更换成本和维护精力,实际上是更划算的选择。"让客户把"不"变成"是",就离成功销售不远了。

有的客户会说"买过,产品不够好",销售人员可以根据实际情况,告知客户之前的款式确实不如现在的好。通过顾客反馈,现在的产品已经更新迭代,感谢客户们的反馈,欢迎体验更新后的产品,同时给老客户更多的优惠。

有的客户会说"以后再买",销售人员可以用早买有优惠、早买早受益、不买会缺货、限时免费送货、可以分期付款等方式,引导客户现在购买。

面对客户拒绝的言辞,要保持积极的心态,真诚地询问,耐心地倾听客户的顾虑和需求,及时找到为其提供更好服务的解决方法,多角度展示自己产品的优势和独特之处,提供更好的选择,增加附加值,引导客户想象自己拥有产品后的美好场景,尽力争取每一个客户。

即使这次没有成功,也不要轻易放弃潜在的客户资源,可以通过邮件、社交软件保持联络,定期推送相关产品和服务信息,让对方记住你和企业品牌,为未来可能的合作打下基础。

5.销售的注意事项

谨慎说话，留住客户。

良好的语言交流是销售人员获取客户信息并促成购买的关键。销售过程中，很多问题都是由不合适的言辞引起的。我们在与客户交流时，说话一定要谨慎，下面一些注意事项需要了解。

（1）不与顾客争辩。在销售过程中，与顾客争辩，只会让顾客觉得我们态度不好，甚至反感。即使赢了这场争论，也会失去这个客户和这笔生意。

（2）不要只纠结于原则而不解决问题。销售以及后续其他部门人员都会影响销售业绩，不能一味强调公司规定，与客户对立。只要无法满足客户的需求，都是一次失败的合作。

（3）不要质问顾客。不要强行质问顾客的购买意图或对产品的看法，这样会让顾客感到不舒适。

（4）不要使用命令的语气。用命令的语气会让人感到不被尊重，之后会避而远之。

（5）不要炫耀自己。在介绍自己或产品、服务时，要实事求是，不要自吹自擂，这样会让人反感。

（6）不要随便承诺。诚信是非常重要的品质，不要轻易承诺，一旦承诺，就要兑现。如果承诺不能兑现，就会降低我们在客户心目中的地位，信誉受损。

（7）不要恶意贬低竞争对手。有一些销售人员为了强调自己的产品比竞争对手好，就攻击竞争对手的产品，把对方说得一无是处。其实很多客户对行业有大致的了解，恶意攻击和贬低竞争对手，很难赢得客户的尊重。

（8）不要区别对待客户。对客户要"一视同仁"，销售人员可以把更多的时间和精力用来维护大客户，毕竟他们是销售业绩的主要来源，但也不能怠慢小客户。无论大小客户，都要尊重他们，耐心接待，为他们出谋划策，小客户也可能转变成大客户。

（9）忌卖弄专业术语。有的销售人员在向顾客介绍产品时，过多地使用专有名词和术语，让顾客听不懂。让顾客为难，不理解我们的意思，商品也很难推销成功。

有一则新闻提到，两个美食博主去一家新开的餐厅打卡，点了一大桌美食，拿着手机录像。正在介绍各种菜品的时候，餐厅店长走过来，态度生硬地告诉她们："你们没有权力在这里拍摄，不要把别人拍进去。我们餐厅刚开业，如果你们要在网上说我们的菜品不好，就别拍了，影响我们的生意。"店长的一番话让美食博主非常生气，而且当时正在直播，很多网友都看到了气氛紧张而尴尬的现场画面。

后来，这家餐厅老板解雇了这位店长。其实，他想让美食博主美言几句，完全可以换一种方式交流，比如感谢他们光临自己的餐厅，夸赞他们的眼光，赞美他们的外表，赠送他们一些甜品、自制饮品或菜肴。这样处理的话，他们肯定不会有过分的言辞，而且还能起到更好的宣传作用。

作为一名销售人员，在与客户沟通的过程中，要多赞美对方，忌负面言辞；态度要温和谦逊，不要冷淡敷衍；多听客户的表达，少插话，有错误及时道歉；专业知识过硬，语言优美，风度优雅，一定会赢得更多的客户。

一流的销售高手必定也是顶尖的说服高手，销售过程就是说服的过程。

6.谈判前的准备

目标明确，评估最佳方案。

谈判技巧是我们在工作、生活中不可忽视的能力，无论是商业合作、解决纠纷、职业晋升、房产买卖还是人际交往，都需要用到谈判技巧。

谈判是一场斗智斗勇的较量，在谈判之前，需要精心准备，做好以下几个方面。

（1）确定目标。明确自己的谈判目标和希望达成的结果，以便在后续工作中有清晰的方向。对于需要团队合作的谈判，应组建合适的谈判小组，明确各自分工，进行必要的培训，所有人统一目标，互相配合。

（2）信息收集。了解对方的背景资料、文化习俗、谈判人员特点等，多方面查询之前同类商业合作或纠纷的处理经验，掌握与谈判内容相关的行业动态，比如价格走势等。

（3）设置底线。了解市场行情，分析自己想要获得的利益，考虑长远发展，计算自己的底线。尤其是在采购类谈判中，需要进行多方议价分析，根据成本、政策影响与价格走势，设置自己的议价底线。

（4）评估备选方案。提前准备"谈判很可能达不到自己预期"时的备选方案，评估每种方案的价值，对备选方案进行排序。

（5）计算对方的底线。分析对方的优势和弱点，了解其相关投入、成本支出、相关行业发展以及对方的需求，预估对方能接受的底线。

（6）评估协议区间。根据双方的底线，评估双方都可以接受的谈判结果。

（7）掌握法律和合同知识。如果谈判涉及法律或合同方面的内容，要提前咨询相关专业人员，了解相关知识。

（8）准备资料。准备好谈判所需的文件、数据和支持资料，确保在谈判过程中可以随时使用，保证高效沟通。

（9）其他准备工作。地点与时间的选择、个人仪表、团队分工、食宿安排等，都需要提前准备。必要时，还可以进行模拟谈判，从中找到自己疏漏的问题，及时弥补。

7.谈判技巧

争取价值，创造双赢结果。

争取价值，让双方达到满意的结果，是谈判的基本目标。在谈判过程中，尤其是议价类谈判中，开始阶段要多听少说，不要在不占明显优势的时候先亮出自己的底牌，要迂回询问对方现在面临的痛点，了解他们的底线，并通过描述我方的优势，努力去影响对方。

如果对方开出了一个极端的价格，先忽略它，一带而过。可以这样回答："从您给出的报价来看，恐怕我们对这场谈判的看法差别很大。为了达成共识，我们不妨先讨论一下其他问题。"及时把谈话方向转换到一个可以让我们重新掌握主动权的话题上。也可以把对方的要求当作机会，多问为什么，以便得到更多的信息。通过引入新的议题，提高自己可以创造的价值，能够把价格谈到合适的区间。

如果对方考虑调整价格，通常也需要给出时间和"台阶"。他们可能会在一段时间的谈论后，或者再次回到谈判桌时给出新的价格。

在谈到自己的理想价位时，要给出充分的理由。可以这么说："贵公司的报价有些出乎我们的意料，看来我们需要沟通的内容有很多。从我们的角度来说，更公平的价格应该更接近××万元。我来解释一下，为什么我们评估得出了这样的价格。但是，如果想要达成协议的话，还需要我们双方共同努力才行。"如果在谈判过程中发现自己协议区间设置得不合理，要重新进行评估。如果自己要让步，可以设置别的条件，让对方也做出相应的让步。

如果对方给出了让我们能接受的条件，不要显得太热情，这会让对方感觉非常糟糕。可以说自己需要考虑一下，然后再平静地接受，这样才会让对方觉得完成了一次不错的谈判。

谈判时，需要注意确认各项细节，落实到纸面。比如各项事情的截止时间、是否有贷款、是否独家、质量保障、售后服务、合同期限、未来的优先合作权等。

在一次成功的谈判结束时，要向所有参与者表示感谢，也要一起复盘，避免疏漏。比如，可以这样说："恭喜大家！我们的辛苦付出终于有了一个好的结果。没有绝对完美的协议，但是我们希望找到让双方都更加满意的办法。我们再梳理一下，看看是否有什么遗漏。"

在感觉谈判遇到困难时,有经验的谈判者不会破坏谈判的氛围,总会给对方留一点退路,以退为进,等待转机,这样至少下次还有谈判的机会,努力在下次谈判时达成协议。没有达成协议,也比失去很多利益勉强达成协议要好,因为很多勉强达成的协议可能后患无穷。

谈判不止是语言上的交锋,更是一场心理战,也是一场信息战,主动权总是掌握在拥有最充分信息的一方手中。通过信息传递营造对自己有利的形势,争取更多的利益,并有条件地满足对方的需求,是谈判的一个重要原则。在"妥协和索取"中做出最佳权衡,才能有一个相对完美的谈判结果。

第五章 恋爱沟通技巧

1.若如初见

初次见面,制造机会。

清代著名词人纳兰性德那句"人生若只如初见",道出了多少人在与恋人相处多年后的内心感怀。如果一切都像刚刚相识时那样,人生该是多么美好。由此可见,与自己心爱的人初识的阶段,是最让人难忘和怀念的。

在你的生命中,总会遇到那么一个人,让你怦然心动,从此心里多了一个牵挂的人;也可能遇到一个人对你一见钟情,从此世界上多了一个对你无微不至关怀的人。爱情就是这样,无法预测,突如其来,毫无预兆。

在初次见面时,说话是展现自己魅力、建立良好印象的关键因素。轻松幽默的开场白,可以让彼此开启一场深入的对话。比如,"我们这次见面的精彩程度堪比电影,而且是那种充满惊喜的浪漫喜剧。你说是吗?"这种带有幽默感的开场白,能缓解初次见面的紧张情绪,让对方放松下来。可以观察周围环境,找到合适的话题切入点,进而让谈话进行下去,为双方提供一个继续交流的机会。

营造出融洽氛围后,可以做一些更深入的沟通,比如分享有趣的个人经历。但在交流过程中,要适当分享,不要过于以自我为中心。这样的分享可以让对方更好地了解你的生活和性格,同时也能让对方分享自己的经历。说话的频率不要太快,不要表现得太话痨,可以有一些留白和停顿,也要设法让对方抛出话题。

可以询问对方的兴趣爱好,比如,询问对方:"你平时有什么兴趣爱好吗?在闲暇时间喜欢做些什么呢?"或者针对某个当下的热门话题询问对方的观点。通过这样的问题,可以加深对对方的了解。

当对方说话时,要给予积极的回应,比如点头、微笑,并用语言表达你的认同或者共鸣。比如对方说:"我很喜欢读书,觉得书是我最好的朋友。"你可以回应:"我理解你的感受,书籍可以带我们进入不同的世界。你最喜欢的作家是谁?"这样的反馈可以让对话更加顺畅地进行下去。提前准备一些话题,以防出现冷场的情况。同时,要注意避免一些可能会引起尴尬的话题,如前任等。

在结束对话时,要真诚地表达和对方见面很愉快,可以说:

"今天和你聊天真的很开心,希望我们以后还有机会一起出来。"这样的表达可以让对方感受到你的好感,并且为下一次见面打下良好的基础。如果一见倾心,就要创造机会,再次见面。

2.约会的理由千万条

一见倾心，再见倾情。

如果你的心里有了心仪的对象，一定很想再次见到他（她）。若是两个人在初次见面时已经互相产生了好感，也互留了联系方式，就更应该尽快找机会再次见面，趁热打铁，让感情升温。约会是追求爱情的过程中至关重要的环节，那么，以什么理由发出邀请，如何让邀约显得自然又有诚意呢？

下面是一些建议，希望能帮到你。

1. 以共同的兴趣爱好为理由

如果你们能有一个共同的兴趣爱好，那真是最佳理由，以此为理由约对方出去再自然不过。比如，都喜欢打羽毛球，就可以联系对方说："最近我发现了一家不错的羽毛球馆，就在你家附近，我们什么时候一起去体验一下？"尽量不要让对方回答"是"或"否"，比如不要给出"想不想去""要不要体验"这类提问，而是提出供选择的"时间"问题，这样说可能增加约会的成功率。

2. 以工作或学习为理由

如果你是在工作交流、参加会议或学习培训的场合中认识的对方，可以用相关的理由邀请对方见面。比如可以说："上次我们在会议上见过面，我看你对设计方面挺感兴趣，我最近刚好也在研究一个相关的事情，你什么时候方便，可以一起探讨一下？""你上次提到的图书馆在哪里，什么时候一起去那儿查查资料？"这样的理由可以让对方感受到你的专业和学习精神以及对她的关注，在工作或学习中不仅能提升彼此的业务和学习能力，更能增进彼此的了解，有可能事业爱情双丰收。

3. 以求助为借口

可以根据对方擅长的事情，找一个需要对方帮忙的机会提出邀约。比如，对方擅长摄影，可以说："我想拍一些我的作品，但是我的摄影技术不怎样。上次听说你特别擅长摄影，还会调图。你什么时候有空，可以帮我拍一下吗？让你受累，我请你吃饭。"一定要以谦逊的态度邀请对方帮忙，并提出感谢的条件，毕竟刚刚认识，不要让对方觉得自己是免费的劳动力。

4. 以朋友聚会为借口

如果有共同的朋友，一起聚会就是一个自然而然的理由。如果没有共同的朋友，可以在自己的朋友聚会中邀请对方参加，让对方参与你的社交圈。可以这么说："下个周末，我和朋友打算去游乐园，里面玩的项目挺多的，还可以烧烤，你愿意一起来玩吗？"这样的理由不仅让对方觉得很受重视，还可以让对方了解你的交际圈。

5. 以近期要举办的活动为借口

比如一场电影、名人演唱会、特殊展览等，可以邀请心仪的人一起去参观或欣赏。可以说："最近博物馆举办了三星堆展览，你哪天有空，咱们一起去看看！""我这儿有别人赠送的两张电影票，你有没有时间一起去看？"这类借口可以让对方感到惊喜。

6. 之前故意留下"小尾巴"

如果在初次见面时，你落了东西在对方那儿，或是你借了对方的东西没有还，那么就为下次见面提供了机会。可以说："上次，我借你的伞忘了还给你，你什么时候有空，我把伞还给你。"

当然，还有更多合适的理由可以约对方见面，只要想见到对方，一定可以根据实际情况和对方的性格特点找到合适的理由。从"一见倾心"到"再见倾情"，这不仅仅是时间的推移，更是情感的积累和升华。

如果你喜欢上的人并不是自己熟识的人,更需要千方百计地寻找再次见到对方的机会。多一次机会,就能让对方多了解你一点儿,才能有继续发展的可能。心理学上有一种心理现象叫单因接触效应(single contact effect),又叫多看效应、接触效应等。我们会偏好自己熟悉的事物,某样事物出现的次数越多,我们对其产生的好感度也越高。

有一个女孩,在一个周六的下午去滑冰场滑冰,同场滑冰的一个男孩对她一见钟情,于是主动跟她聊天,问她在哪里工作。女孩觉得男孩很帅,说话的态度也很真诚,但是不想把自己的联系方式告诉陌生人。

后来,那个男孩每个周六下午都去滑冰场,等待她再次出现。不知等了多少次,期待了多少次,又失望了多少次,女孩儿终于出现了。他为自己创造了再次见到女孩的机会。当他再次看到自己一见钟情的女孩时,激动得不知所措:"终于等到你!"

女孩被他的行为感动,两个人开始交谈起来。因为有滑冰这项共同爱好,他们有很多话题可以聊。之后男孩经常约她出去滑冰,去江边散步,去天台看月亮,去爬山,去咖啡馆聊天……女孩比较忙的时候,男孩就陪她回家,离开时给她一个大大的拥抱。女孩本来喜欢独处,现在她的身边突然多了一个人,时常陪伴着她,她也就渐渐习惯了他的存在。

这种多看效应也是一种熟悉定律。在人际交往中，如果不招人讨厌的话，你在心仪的人面前出现的次数越多，对方就越觉得你令人愉快，经常性地出现能增加对方喜欢你的程度。所以，喜欢她，就创造见面的机会，积攒交谈的素材，常常交流，恋情才能结出果实。

3. "微信时代"的恋爱沟通

面对面,是维系感情最美好的方式。

感情是需要维系的,分享自己的所思所想,是维系感情的重要方式,也是恋人之间自然而然的事情。你看到的有趣的、新奇的、可怕的事情,都想跟对方分享,现在各种社交平台上的一键转发功能,让分享变得更简单。

不过,如果那些有趣的事情你能面对面讲给对方听,比转发给对方一个链接更好。你们可以一起聊聊对这件事的看法、感受,慢慢地延伸出更多的话题,交流也会越来越深入。一个小小的话题,可以扩大到了解彼此内心深处的感想和过往的经历,这些都是在手机上看一个链接达不到的沟通效果。

我们在看一些经典电影时,男女主角在约会时的那种深情、见不到面时疯狂的思念,往往会深深地打动我们。但是,如今的

"微信时代"缺少了那种美妙的感觉，因为我们可以随时发消息、发语音，随时随地可以互相联络，仿佛失去了那种若即若离的恋爱之美。现实中，可以试着减少网络沟通，把一些话留到当面说。

我们总是把最好的一面展现在社交平台上，精修的照片，反复斟酌的文字，有时连自己都不知道那是不是真正的自己。但是，恋人需要真实地相处和了解，需要面对面的交流，需要手牵着手，你看着我，我看着你……眼神的交汇，温暖的怀抱，可以解决在微信上吵得不可开交的问题。

他搭着你的肩膀，走在街头巷尾，分享好吃的，欣赏好看的，一起听风声、雨声、市井声；他站在扶梯上，把下巴靠在你的头顶，感受彼此的呼吸和心跳，这才是恋爱的感觉。不要让网络交流成为恋爱沟通的主要方式，放下手机，多去见面，面对面的交流，触手可及的陪伴，才是爱情本来的样子。

4.爱要说出口

暗恋太煎熬，要择机表白。

据说，一个人爱上另一个人的概率是五亿分之一；如果要成为伴侣，概率是十五亿分之一；一个人对另一个人说一声"我爱你"，需要消耗两个苹果的热量。一切都那么不简单，爱，就索性说出来！

有的人敢爱敢恨，会找机会向喜欢的人表白；有些人却将这种悸动的情愫暗藏于心，从始至终也不让对方知晓。暗恋，是一个人自导自演的爱情。有的暗恋者在潜意识里认定表白一定会被拒绝，所以无法鼓起勇气表达自己的感情，觉得只要不踏出表白的那一步，就不会失败。

电视节目中，主持人采访一些女孩："如果一个男生暗恋你，你希望他怎么跟你表白？"有的女孩会用很直接的方式回答："直接说！"的确，如今大部分女孩喜欢直接的表达，不绕弯子，双方坦诚相待。

小张知道小文喜欢看电影和读书。他精心挑选了一本小文一直想看的限量版书籍，在书的扉页写下了深情的表白话语："小文，你就像这本书一样，是我一直渴望深入了解的宝藏。每一页文字都如同我对你的思念，层层累积。我希望能和你一起翻开生活的每一页，分享彼此的喜怒哀乐。你愿意让我成为你生活故事中的一部分吗？"

然后，小张邀请小文来到一家安静的咖啡馆，在柔和的灯光下，把书递给小文。小文翻开书看到表白内容后，十分感动，欣然答应了小张的表白。

这种表白方式成功的关键，在于充分了解对方的兴趣爱好，将表白内容融入对方感兴趣的事物中。这样的表白会让对方感觉到你的用心，并且文艺的氛围也更容易触动对方。

可以选择特殊的日子表白，比如对方过生日的时候，送一个对方心仪已久的物品，告诉对方："从此以后，你的每一个生日，我都要陪你一起过。"也可以为对方作诗、写歌，在山巅、在海边对着天空大声喊出精心准备的话语，表达你最炙热、最真诚的爱意。

表白是考验两个人是否正式确立恋爱关系的一项仪式，关乎自己的未来和愿意承担的责任。

5.爱就是要好好说话

真诚相待,互相陪伴。

一对情侣确定了恋爱关系后,如何相处是人生中的一门必修课。爱情把两个人紧紧联系在了一起,良好的沟通可以让情侣之间的感情更加融洽。

恋爱中的两个人,对彼此更加依赖,希望能有更多共处的时间。双方应该安排好自己的工作、学习时间,给彼此留出一些互相陪伴的时间,安排一些有趣的活动。

爱,就是在一起好好说话。聊天时,要多倾听,少打断。你的反应可以是频频点头,询问"后来呢",表示自己很重视对方。通过对方的话语来理解对方,积极地给出反馈,产生共鸣。比如告诉对方:"你说得对,我也有过类似的经历……""你把我想说的都说了,我就是这么想的!"但有时,一句话就会让本来和谐的关系瞬间降到冰点。

有一对恋人，一直相处得都很甜蜜与温馨。男孩小陈在一家私企上班，工作节奏快，压力大；女孩小苏在一所学校当老师，生活相对规律。

一天晚上，小陈拖着疲惫的身躯回到家，一进门就瘫坐在沙发上。小苏看到小陈的样子，关心地问："亲爱的，今天怎么了？是不是工作太累了？"小陈揉了揉太阳穴，说："嗯，今天忙了一整天，处理了好多复杂的项目。"

小苏说："那你先休息一下，我给你倒杯水。"小苏把水递给小陈，在他身边坐下，说："我跟你说，我们学校今天发生了一件特别有趣的事情……"还没等小苏说完，小陈就不耐烦地打断了她："你别跟我说你们学校那些琐事了，我现在没心情听。"

小苏愣住了，眼中满是委屈和失望："在你眼里，我的事情都是琐事，就你的工作才是重要的吗？"小陈这才意识到自己说错了话，想要解释，但小苏很生气，不想听他解释，摔门而去。

从那以后，小苏对小陈不再像以前那样热情，两人之间产生了一些隔阂。每次小苏想起那句伤人的话，心中的恼恨就难以平静，他们的关系也陷入了冷战。

即便是一句无心之语，也会深深地伤害对方的心，可见一句刺痛的话语能带来巨大的破坏力。

每个人都希望得到恋人的体贴和关心，不管是身体上的照顾还是精神上的安慰，细致入微的关怀总是让人很感动。两人相处时不能以自我为中心，要真诚相待并互相回报，才能加深彼此的感情。要多多赞美对方，让对方感受到这种欣赏之情。男孩尤其要多夸赞女孩的美丽，女孩也要善于发现男孩有所改善的细节变化，及时表扬，正向鼓励。

幽默感是恋人之间的调味剂，能让聊天氛围更加轻松愉快。可以适当调侃对方，为彼此起一些好玩的昵称，让彼此陪伴的时间变得轻松，让生活充满欢笑。

6. 土味情话大全

情话越"土"越真诚。

情话是恋人之间充满私密性、创造性和热烈情感的语言表达方式，用简短明了的情话，能够表达最独特的情感。其实我们现在所说的"土味情话"中的"土"，就是直接、直白的意思。"土味情话"可能听起来不那么高雅，却让人感觉更真诚，发自肺腑，表达出的爱更纯朴而热烈。

有的情话适合面对面说出来，有些适合写出来。比如送对方礼物时，在精美的小卡片上写上短短几句情话，让感情更加甜蜜。

» 你怎么还没坠入爱河？我都快淹死了！

» "你为什么要追我？""这么好的女孩，我不抓住就太可惜了。"

» 拥抱着你，我就拥有了全世界。

» "你盯着我干吗？""我就喜欢看着你，看不够。"

» 我有严重的拖延症，但只要你约我，我会第一时间赴约。

» "你做过的最疯狂的事是什么？""跟你在一起。"

» 你闯入我的世界，我的一切全变了。

» "你什么时候想我？""什么时候都想。"

» 只要你来，我就在。

» "你在想什么？""我想跟你在一起，一辈子。"

» 不想离开你，等待下一次见面的过程太漫长了。

» "你脸上的痘痘没了，怎么好的？""因为你，都好了。"

» 遇见你是多么小的概率，我不知道，我只想把失去你的概率变为零。

» 第一次见到你，我就觉得"你就是我要等的那个人"。

» 你的脸，让我多看一眼，就多一分风险。

» 思念若是一种病，那我已病入膏肓。

» 北上仰望的冰川是你，南下追寻的极光是你，西去流浪的沙漠是你，东去航海的船帆也是你，你无处不在。

» 晚上睡觉前想的最后一件事，是你；清晨醒来想到的第一件事，也是你。

» "你什么时候最想我？""五点二十一的时候。"

» 你惊艳了我的年少时光，还将温暖我的余生岁月。

» 歌和风声都很好听，但最好听的是你的声音。

» 他们那么卖力地歌唱，都没你的声音好听。

» 遇到你，是我人生中最美的意外。

» 你让我心动，我让你心安。

» 你知我冷暖，我懂你悲欢。

» 我只后悔一件事情，后悔没有早一点儿遇上你，让你吃了许多苦，而我走了很多冤枉路。

» 时间最美的地方，就是让你我成为我们。

» 爱着你是一种幸福，想着你是一种习惯，看着你是一种享受。

» 希望我能成为你的小众喜好，藏着欣喜不已，炫耀时格外骄傲。

» "想你是一件幸福的事。""我要成为你的幸福。"

» 我宁愿和你吵架，也不会去爱别人。

» "你想说什么？""对于你这种人，除了恋爱，我没什么想和你谈的！"

» 你是我寡淡生活中的一颗糖。

» 最近手头有点紧，想借你的手牵一牵。

» 近朱者赤，近你者甜。

» "我最近变胖了！""错的人会消耗你，对的人会滋养你。看我把你养得多好！"

» "我好伤心，我碎了！""就算你碎得七零八落，我也会拼凑出一个完美的你。"

» 天长地久的爱情，一定是势均力敌的，我也要像你爱我一样爱你！

» 一屋两人，三餐四季，这就是爱情最好的归宿。

» 弱水三千，我只取一瓢；繁华经年，我独倾心一人。

» 我见过整个银河，却只爱你这颗星星。

» 你是爱，是暖，是希望，你是人间的四月天。

» 我只有一个期待，只想快点见到你。

» 每想你一次，天山都会飘落一粒沙，从此形成了撒哈拉。

» 我要看着你，才不会胡思乱想。

» "你会不会觉得无聊？" "我只想和你虚度时光，越慢越好。"

» 等了这么久，终于等到你。

» 从此以后，你就专属于我了。

» 谢谢你向我表白，让我知道世界上还有一个人爱着我。

» 别跟我说人生海海，你就是我的江河湖海。

» 我爱你，不光是因为你的样子，还因为和你在一起时我的样子。

» 我说不出来为什么爱你，但我知道，你是我不爱别人的理由。

» 你刚离我而去，我就开始计算距离下次见面还有多少时间。

» 你是我热爱这个世界的全部理由。

» 斯人若彩虹，遇上方知有。

以上是抛砖引玉，相信热恋中的人内心有更多说不完的情话。情话虽好，却不宜在一次见面中说得太频繁。遇到实情实景，当你想向对方表达的时候，说出一句发自内心的情话，对方可能会记一辈子。

不要不好意思开口，珍惜最美好的恋爱时光，把自己的真情实感、对她的思念和爱恋表达出来。你的感受越丰富和真诚，说出来的话才会越动听，恋爱的保鲜期才会越长。

第六章 家庭内部的沟通艺术

1. 夫妻间的沟通

保持良好沟通是婚姻中的重要责任。

童话里的很多结局,都是女主角和男主角结为夫妻,从此过上了幸福的生活。很多人都把婚姻幸福当成一种常态,导致稍微感觉到不如想象中的那么幸福,就会有挫败感。其实,人生不如意十之八九,维持婚姻幸福并不是一件容易的事。

很多夫妻结婚多年之后,会变得冷漠而计较。现在还流行一句玩笑话——"结婚,真的很伤感情"。当初明明爱得热火朝天的两个人,在组建家庭、朝夕相处后,怎么会变得形同陌路或针锋相对呢?应该没有哪一对夫妻不是因为爱而走到一起的,但是,要想和谐相处,携手到老,也需要学习和实践有效的沟通方式。

爱情三角理论认为爱情由三组成部分:亲密、激情和承诺。

亲密是爱情中最温暖的感觉；激情是最火辣的部分；承诺则是爱情中最理性的部分，关系到两个人的后续发展。

两个人刚结合在一起时，会觉得爱情是世上最伟大、最神圣的事情；而一对成熟的夫妻，一定知道维持婚姻长长久久的不仅是富有激情的爱，更重要的是责任。组建家庭的两个人，需要为彼此提供情感与支持，互相陪伴、尊重，真诚地沟通，共同解决家庭中的问题，营造和谐的家庭氛围，一起创造未来。承诺和责任是让夫妻之间的感情能够持续的重要因素，沟通是学会爱彼此的一种方式。

人们的所思所想，绝大部分是通过语言让对方感受到的。话说好了，夫妻关系就会更融洽。两个人在生活中该如何对话，才能提升婚姻中的幸福感呢？

1. 要学会耐心倾听

在伴侣跟你分享一件事或心理体会时，不要在中间生硬地打断，比如说"这个你自己看就行了""这有什么意思"，更不要"自信"地下结论，比如说"我就知道，肯定是……""你这样做没有意义"。要听对方把话说完，才能知道事情的全貌，了解对方需要的心理反馈。很多时候，对方跟你谈及一件事，并不需要你去评判，认真地听对方说完就很好。

小慧在得知自己喜欢的一位"童年女神"离世的消息后，伤心不已，很伤感地跟自己的丈夫说起这件事。本想得到对方的安慰,哪怕只是一个沉默的眼神回应也就满足了,婚姻就是在家里有个人可以倾诉。谁知道她刚说了两句话,丈夫还没听完,就敷衍地说:"行了行了,人都会死的。"然后就进房间里去了。

婚姻中的男方,经常会回避自己不擅长的话题,直接切断沟通,不予理睬。这样的对话,女方还不如不说,说完之后得到的回应倒让自己生一肚子气。

长期这样沟通,小慧就不再愿意和丈夫分享自己的感受。渐渐地,两个人就像一个家庭里的同事一样,只是家庭事务的配合,感情上没有了交流。

耐心听对方把话说完,说起来简单,其实在忙碌的生活中是需要不时提醒才能做到的。很多女性会把爱和耐心画上等号,有爱,才会更有耐心。如果对方不再认真听自己说话,在女性的眼里,这就等于"他不再爱我了"。如果一位男性被自己的妻子认为不再爱她,那么他得到的爱也很可能会消失。所以,夫妻之间沟通的头等大事,就是要耐心倾听。

2. 在倾听对方的话语时,要积极反馈

很多时候,夫妻间聊天,只是想让对方知道有这件事,并不需要太复杂的思考,用简单正面的语言回应就好。比如,可以注视对方的眼睛,时不时地点头,或者重复简单的重点;对于你认同的,可以说"原来是这样""挺有意思""我觉得你说得没错""你观察得挺细致""你不说我都不知道"等;对于你不认同

的，不要直接反驳或批评，可以委婉地表达，先肯定对方，再提出小建议，比如"你说得挺有道理，另外，我还发现……"一定要让对方感受到自己被尊重，再坦诚地表达自己的想法。

3. 避免攻击性语言

夫妻之间虽然非常熟悉，但也要注意礼貌，用礼貌、温和的语言表达自己的观点和需求，避免使用攻击性语言。

你怎么对待对方，对方就会怎么对待你。如果一方总是用侮辱性的语言，另一方觉得自己受了委屈，在下一次对方有机会反驳的时候，也会以其人之道还治其人之身。

4. 开诚布公地沟通

如果一方觉得自己受到了忽视、误解或侮辱，需要及时与对方开诚布公地沟通。

小张的妻子总喜欢嘲讽他，"蠢死了""你傻呀"这些字眼时常挂在嘴边。作为一个从小成绩优异的高才生，他心里很不舒服，但从来不把自己的感受说出来。

有一次，妻子又这么说他，他受不了了，愤怒地回应："你能不能不要再这么说我了？你老说别人傻，谁听了不生气？"妻子这才意识到她自认为的"宠爱式"语言让丈夫这么愤怒，从此以后就没再这么说过。

如果遇到问题一直不说，对方永远都不知道你的想法。要及时沟通，才能尽早解决问题。

5. 夫妻之间也要及时说"对不起"

有人说，"婚姻是现代最高级的战争形式"。在漫长的婚姻中，夫妻间能随时开战，也能瞬间停止冲突。即使争吵，有时也带有藕断丝连的浪漫。夫妻间的很多矛盾都是"道歉羞耻"导致的，双方都觉得自己绝对正确，都不愿承认自己的问题，不愿道歉，导致两个人的感情摇摇欲坠。不要以为都是一家人了，就不再说或不好意思说"对不起"这三个字。这三个字其实有很神奇的效果，错了就说"对不起"，其实没那么难。有一方示弱、反省，另一方一定也会开始审视自己的问题。如果有一方能先"低头"，先道歉，这场战争才算有了浪漫色彩。充满诚意的道歉就像一个台阶，让原本摇摇欲坠的关系重新落地生根，双方才能继续并肩前行。

6. 妥协也是一种包容

夫妻间很多问题并没有对错之分，不是原则问题，只是观点不同，如果产生了分歧，其实很容易解决。比如遇到分歧时，你可以说"你的想法很不错，我觉得还可以……，你看我的方法有没有可取之处？"在婚姻中，妥协也是一种处理纠纷的方式。这次你妥协，下次他妥协，通过妥协和包容，能够避免局面僵化，达成共识，建立更加和谐的关系。

7. 夫妻应该提前沟通好共同分担的家庭事务和责任

很多家庭在还是二人世界时都相安无事，但是一到孩子出生，就出现了巨大的矛盾。有的丈夫在新生儿降临后，为了自己不被打扰，会搬到另一个房间去住，偶尔帮帮忙。其实，从他离开妻子和孩子房间的那一刻起，就已经在无形中拉开了与家人情感连接的距离。他就像与妻子处在完全不同的世界一样，根本体会不到妻子照顾孩子的辛苦与快乐，与妻子变成了同在一个屋檐下的合租者。夫妻应该提前沟通好各项家庭责任的分担，共同担负起家庭事务，才能体会到彼此的感受。

8. 和谐的两性关系也是美好婚姻的基础

随着时间的推移，工作的忙碌，家庭琐事的困扰，夫妻之间的激情可能会逐渐消退。如果夫妻之间缺乏有效的沟通，会导致彼此的需求和感受得不到满足；如果一方的情感需求长时间被忽略，可能会导致其对婚姻感到失望，从而选择逃避两性生活。夫妻双方应大胆表露自己的想法，互相沟通，了解彼此的态度与需求，避免因为误会而产生逃避心理。

9. 避免互相指责

如果夫妻间遇到暂时无法沟通的情况，要保持冷静，避免在气头上互相指责。可以选择其他合适的时机再次沟通，在彼此心情愉悦、没有琐事干扰的时候再进行对话，这会比在彼此怒火中烧时的对话更加理智，也能有话好好说。

夫妻之间想要长久的幸福，一定要先修炼自己的内心，懂得感恩，经常表达感激；多多分享快乐的时光，真实地表达自己的想法，并使用正面语言；互相寻找共同点并接受彼此的不同，包容对方，给予支持和鼓励。

2.夫妻间说话的禁忌

冲动是魔鬼,三思而后言。

夫妻能够结合在一起,起初都是因为欣赏对方身上的优点,被对方身上的某一种特质吸引,但是能不能走到最后,就要看彼此为夫妻和谐相处花了多少心思。很多夫妻在婚后几乎朝夕相伴,由于彼此关系过于亲密,有时候说话肆无忌惮,言语没有分寸,会互相抨击,难听的话总是脱口而出,这样的说话方式很容易摧毁一段婚姻,因此,夫妻双方需要注意说话的方式。

1. 不要轻易说放弃婚姻的狠话

有的夫妻一吵架就放狠话:"离婚吧,我受够了!""这日子没法过了!"很多时候这都是一时的气话,但是话一出口就收不回来了。如果对方被刺痛,也毫不示弱地回答:"离就离!"很容易在冲动下弄假成真。无论发生什么情况，都不应该随意说出"离婚"这两个字，这是夫妻对话中最忌讳的字眼，相当于否认了彼此长久以来积累的感情。切记不能在嘴上逞一时之快，导致夫妻双方分道扬镳。

2. 不要挑剔对方

世上没有完美的人，另一半永远不可能完全符合你的想象。每个人都有自己的优点和缺点，很多夫妻在结婚前的恋爱阶段，只看到了对方的优点，结婚多年后，因为"审美疲劳"，就会不断挖掘对方的缺点。曾经的欣赏变成了后来的挑剔和指责，甚至变成一种蔑视。你挑我的错，我挑你的错，彼此生出不少怨气。对方做得不好的地方，可以用平和的语气提出自己的建议，如果有改善就鼓励，如果没有改善，也不要较劲，多想想优点，少跟缺点较劲。

比如，对方总是在离开房间时不关灯，养成了一个不好的习惯，你多次甚至多年反复提醒、指责都无效，那就别再激化自己的情绪，遇到对方不关灯的时候，自己随手关一下就行了。有的时候，反复指责对方的一个缺点，反倒强化了这种行为。如果在对方关灯的时候恰到好处地表扬一下，可能收到的效果会更好。

3. 不要"翻旧账"

在夫妻相处或发生争执时，"翻旧账"是一种常见却很不妥的行为，有的人喜欢用这种方式来证明自己是对的，或让对方感到愧疚。其实，"翻旧账"会让对方感到被否定、被攻击，容易产生抵触心理。反复提起对方之前的过错，不仅对现在毫无帮助，还会加剧矛盾，让双方陷入更深的负面情绪中。

没人希望自己以前的错误被不断提起，即使是最亲密的人也无法忍受。我们应该专注于当前问题，学会听懂对方的观点，互相理解，让对话变得更有建设性，以积极、理性的态度，共同寻找解决问题的方法。让过去的事随风而去，要立足当下，展望未来。

4. 不要拿自己的另一半和别人做比较

有的夫妻在聊天时，总会拿自己的丈夫或妻子跟别人做比较。比如，"你去锻炼锻炼，都胖成什么样了，看看小刘，跟你同岁，多苗条。""你看那谁都比你强，又升职又买别墅，还给老婆买了豪车。"

夫妻之间需要互相尊重，经常将伴侣与别人进行对比，是一种语言伤害，会伤害对方的自尊心。如果觉得伴侣有欠缺的地方，可以一起想办法努力。

5. 不要说对方父母的坏话

父母在每个人心里的地位是至关重要、无法撼动的，在与伴侣相处时，要避免对伴侣的父母进行负面评价，比如"你妈太过分了""你爸老挑事"。作为子女，要尊重、包容父母，如果无法和谐相处，可以选择避开，毕竟婚姻生活是两个人的事情。

不要因为一时的脾气而忽略了对方的感受，不要因为一时的激动言辞而伤害了本应美好的家庭氛围。世上没有完美的婚姻，只有互相包容的爱人。夫妻之间很多爱和尊重的表达，都是通过语言让对方感受到的，说话一定要三思而后言。

3.妻子喜欢听的话

宠爱她,赞美她,关心她。

通常来说,男性和女性在婚姻中的核心需求是不一样的。女人在婚姻里需要的是被理解,被关心,被赞美,被宠爱,更偏向感性思维,面对事情更习惯注重内心感受。女性更善于表达情感,注重与伴侣的情感交流;女性总是希望自己的伴侣对她表达更多的爱,给予更多的陪伴;女性需要安全感,伴侣的行为和言语要让她百分之百信任,才能让她感到内心安宁,婚姻关系才更牢固。经营婚姻,需要换位思考,要给予伴侣想要的东西。

1. 给予关注,感同身受

当妻子和你交谈时,要尽量避免分心。如果妻子跟你说话时，你低头看手机，一定会引起她的愤怒。妻子说话时，你要保持眼神接触，表示自己很专注。可以通过提问来表示对她说的内容感兴趣，鼓励她继续表达，比如"然后呢？""你是怎么想的？"当妻子向你分享喜悦或倾诉苦恼时，尽量从她的角度去思考问题，表达你理解她的意思，并提供情绪上的支持和安慰。她高兴，你也微笑；她伤感，你也沉默，不必说太多话，也能提供情绪价值。

2. 多感谢和夸赞妻子

丈夫如果经常对妻子表达感谢，经常赞美她，那么妻子也会包容、理解丈夫。如果丈夫总是指责妻子，挑毛病，就会把她逼成一个凡事斤斤计较，整天提心吊胆的怨妇。幸福的夫妻，一定不会吝惜感谢和夸赞。

比如在装修新房时，重心更倾向于家庭的女性总是比男性付出得多。妻子会绞尽脑汁地安排各个房间的布局，经过精细测量和咨询，购买家电、家具，精心挑选全家老小的生活用品，拆包装、搬运、安装、擦洗、晾晒，每天跑前跑后，把一个空壳变成了一个温馨的家。在很长一段时间内，无论是精神上还是时间上，女性都会全身心地付出。

这个时候，丈夫如果抱怨这不行、那不行，花钱过多之类的话，一定会让妻子感到生气和委屈，自己每天辛苦劳作，却得不到认同。如果丈夫能对妻子说："没有你，就没有咱们这个家。""我怎么娶到这么棒的老婆!""你太能干了,全能媳妇!""你怎么把家弄得这么好,我太幸福了!""你真细心,面面俱到!""老婆,你辛苦了!"多说这类表扬的话,妻子听后,所有的疲劳都会消散。

3. 体贴妻子

在妻子不舒服或生病时,需要丈夫体贴的照顾。比如亲自下厨给她炖汤,给她准备好药品,安慰她:"好好休息,过几天就好了。""别担心,有我照顾你,你一定很快就会好了。""我问了医生,吃了这个药就好了。"

我在怀孕期间,租住在一个四合院里。冬天的北京比较冷,而我的卧室和卫生间不是挨着的,洗澡需要经过院子,容易受寒。

在我洗澡的时候,我先生都会坐在卫生间门口等待,怕我摔倒或有什么意外。每次等我洗完穿戴好,他都会检查一下路上滑不滑,然后领着我回到卧室。

我一回想起这件事都很感动,感动他细致入微的照顾和体贴。

4. 读懂妻子言语背后的含义

在语言的表达上,女性比男性更委婉,很多话不会直接说。丈夫需要读懂妻子的弦外之音,了解她真正想表达的意思。如果妻子回到家神情沮丧地说"我没事，别管我"，丈夫可别真的完全无视。一般来说，妻子希望丈夫分担她的不开心，希望得到安慰。丈夫可以问问怎么了，了解事情后，及时开导和支持妻子。"随便你吧"这种话也不要当真，妻子说出这种话，基本表示有点儿生气了。

当一位妻子说"我不是来给你当保姆的"，并不是说不愿意做家务，而是在抱怨丈夫懒惰。丈夫此时应该行动起来，并安抚妻子："我尽量多做家务，一起分担。"

在夫妻的长期相处中，只要用心，一定能理解对方话语背后更多的情感和意图，并采用有效的沟通方式。

5. 对于妻子提出的问题，要及时回应

没有人愿意费尽口舌去提醒另一个人应该怎么做更好，除非因为爱你。有的男性喜欢跟哥们聚会喝酒，一喝酒就酩酊大醉，既伤身体，又很容易发生意外。妻子起初会善意提醒，如果丈夫无动于衷，会让夫妻关系随之恶化。妻子的出发点是关心对方，丈夫应该虚心地接受。丈夫可以说："我知道你是为了我好，关心我的健康，我会尽量做到的。"

6. 随时向妻子表达爱

女性需要爱情的滋润。从女性的角度来看，她们不明白为什么男性在婚前对她追求得那么热烈和执着，婚后却很少对她表露爱意。爱她就要经常表达出来。比如，当妻子穿了一身漂亮的衣

服，化了一个美美的妆容，丈夫就要表达出自己的爱意："你太漂亮了！""每天跟你在一起，太幸福了！"这样甜蜜的互动，会让夫妻之间更加和谐。

两个人能够在茫茫人海中相遇，是缘分；能够成为夫妻，更是难得的情缘。对于自己的妻子，要尽情去宠爱她，赞美她，关心她！

4.丈夫需要鼓励

理解他,欣赏他,支持他。

在情感和心理方面,男性和女性往往会表现出不同的特质和需求。男性通常表现得相对内敛,不太擅长直接表达内心感受,但在关键时刻会给予支持。这并不意味着他们不重视感情,而是更倾向于通过实际行动来表达对伴侣的关爱;在面对压力和冲突时,男性习惯独自面对和解决,有时会选择逃避或冷战;男性在婚姻中更注重稳定和外界评价,渴望外界对他的认可,从而获得自我价值和尊严。作为妻子,了解男女差异后,才能更好地理解丈夫,并使用更恰当的沟通方式。

1. 不要当众指责丈夫

永远不要当着众人的面批评、指责丈夫,用现在流行的话说就是不要让丈夫"社死"。每个人都在乎面子，如果在大庭广众之下，对伴侣大肆指责，呼来喝去，即使对方有错，也不愿意认错，只会勾起心中怒火，甚至冲破理智，做出一些意料之外的事情。

当众与伴侣争吵，或将伴侣的缺点公之于众，还有一个很大的坏处，就是当你们已经和好或"翻篇"的时候，这些"污点"却可能被其他人牢牢记住，成为茶余饭后的话题，时不时给你们添堵。所以，在夫妻生活中，遇到问题要给对方留情面，私下沟通才是真正解决问题的态度。

2. 表达对丈夫的认可

每一位男性都希望自己和自己所做的事情，能得到妻子的认可，以后也会有更大的动力为之奋斗。作为妻子，要表达对丈夫付出的感激，比如"你真是一个好老公，感谢你为家庭的付出。"妻子可以赞赏他的能力和品质，比如"你懂的真多，你的决策真让我佩服，厉害！"妻子还可以强调丈夫的责任心，可以说："你真是一个靠得住的男人！""你是我们全家的坚强后盾。""你是我人生中最好的选择。"在婚姻里，妻子越贬低丈夫，越容易让感情破裂；越欣赏丈夫，生活才能越幸福。

3. 配合丈夫的行动

在丈夫需要帮助的时候，妻子要充当得力的助手，及时协助他的行动。比如，协助丈夫完成工作中的一些琐事，照顾家庭，处理家务等。妻子帮助丈夫实现目标，成功后的收获也可以为家庭添砖加瓦。

妻子可以对丈夫说："别太辛苦了，我帮你一起分担。""有我帮忙，你放心！"有时，丈夫会突然想邀请一两个朋友来家里做客畅聊，妻子可以配合他，做好宴请朋友的准备。在一个家庭里，少一些阻挠和责怪，多一些配合，家庭氛围会更美好。

4. 对于丈夫给的惊喜，要表达感谢

不管丈夫送的是小礼物还是大惊喜，妻子都不要表现出不满意或不满足，要珍惜丈夫对自己爱的表达，想给你惊喜的人一定是珍爱你的人。妻子一定要表达自己的感激："你太懂我了！""好浪漫的礼物！""这个太适合我了。"如果妻子真的不喜欢丈夫送的礼物，可以找机会婉转表达。

5. 多鼓励丈夫

每个人都希望多听到一些鼓励自己的话，对于一位男性，尤其是遇到困境的男性，最能给予自己力量的人莫过于自己的妻子。想让丈夫变得更好，妻子要多多鼓励他，这样丈夫才能自信地面对外面的纷争，发挥自己的才能。妻子可以给他加油打气："我永远支持你！""无论发生什么，我们一起面对！"能够给予丈夫支持的妻子，是男人最重要的财富。

马皇后是朱元璋的贤内助。在朱元璋打天下的时候，马皇后

就经常鼓励他。

在朱元璋军队物资匮乏的时候，她会拿出自己的财物来犒赏士兵，增强军队的士气，这也间接地鼓励了朱元璋继续坚持战斗。在朱元璋称帝后，她时常提醒朱元璋要以民为本，不要忘记民间疾苦。当朱元璋因为一些大臣的过错而大发雷霆，想要严惩时，马皇后会委婉地劝说，让朱元璋冷静思考，避免一时之气做出错误的决策，这对于朱元璋稳定统治起到了积极的作用。

幸福的婚姻一定属于那些心灵成熟、善于沟通并富有责任感的人。在婚姻生活中，夫妻互相不要猜疑和唠叨，不要抱怨和责备，多惦记对方的长处，少计较得失，多赞美，少嫌弃。自己比对方更努力，才能一起进步，获得共同的成长，经营好自己的家庭。夫妻相互磨合，彼此珍惜，才能相伴终身。

5.亲子沟通

少说多听,平等交流。

你了解自己的孩子吗?他喜欢做什么?他最好的朋友是谁?他对什么不满意?他的心愿是什么?很多家长对孩子的生活习惯比较熟悉,但是缺乏对他们心理方面的了解,这是因为平日里缺乏沟通导致的。

很多家长,尤其是父亲,平时对孩子的关注较少,只要听到一件有关孩子不好的事情,或者与他的期望不符,就会板起脸来训斥孩子。在与孩子沟通时,总是摆出一副家长的架子,不准孩子反驳,以此凸显作为父亲的威严。如果孩子提出异议,或显露一点儿反对的表情,父亲就会大发雷霆,感觉自己的威严受到了挑衅。

当父母以唯我独尊的姿态与孩子沟通时,往往是单方面输出自己的观点和要求，没有给孩子表达的机会。有的父母对孩子说："你必须按照我说的做。"这种沟通方式完全忽略了孩子的感受，忽略了孩子合理的想法。孩子会觉得自己的意见没有被尊重，自己就像一个被操纵的木偶，而不是一个有独立思想的个体。

比如，在选择兴趣班的问题上，有的父母并不询问孩子的兴趣，而是根据自己的期望为孩子报名。孩子可能对绘画有浓厚的兴趣，父母却强制孩子去学钢琴，并且不允许孩子提出异议。这样的沟通方式会让孩子内心产生抵触情绪，即使孩子表面上听从了父母的安排，实际上也很难真正投入到学习当中。

孩子到了青春期时，家长唯我独尊的沟通方式，很容易激发孩子的逆反心理。如果父母总是以命令的口吻和不容置疑的态度与孩子交流，比如有的父母会说"你闭嘴，听我说完""不准和这个同学一起玩儿""你必须马上去……"，尤其是在孩子遇到困难，如被同学欺负，回家想和父母倾诉时，父母总是以"你肯定也有问题，不要总是抱怨别人"这样的方式回应，孩子就会觉得父母不理解自己，以后有心里话也很难再告诉父母，还可能故意做出与父母要求相反的行为来表达自己的不满。

这种逆反心理一旦产生，不仅会让孩子对父母的教导充耳不闻，还可能会破坏亲子关系。

父母与孩子沟通时，要敞开心扉，放下架子，与孩子平等交流。父母不能光是自己说教、命令和威胁，而是要让孩子说出他的心里话，让孩子提出问题，父母从孩子的角度帮助他，在共同探索中找到更好的对话模式和解决问题的方式。

还有一些父母在与孩子交流时，采用委曲求全的沟通模式。与唯我独尊相反，他们事事娇惯孩子，满足孩子提出的任何要求，替孩子完成本该属于孩子的任务。这样的态度会让孩子形成以自我为中心的认知，甚至目中无人，容易养成不健全的人格。

有的父母总是想当然地认为孩子这不好、那不好，存在各种毛病，每天围着孩子挑刺儿。孩子在收到负面语言反馈后，会感到自己很无能，感到羞愧，影响自信心的建立。

想要跟孩子好好沟通，父母首先要改掉错误的说话方式，应该避免用命令、威胁、指责、贴标签、说教、敷衍、挖苦、怀疑等错误的语言模式。自己少说，多听孩子说，尽量不去评论孩子说的内容，多了解事情的来龙去脉，体会孩子的真实感受。要理解孩子的难处，与他产生共鸣，尽量做孩子心灵的港湾。

父母要耐心倾听孩子的诉说，积极回应，比如"你说得挺有道理。""你说的这件事太有趣了。""我会持续关注你说的这件事。"比较好的开放式问题有："为什么会这样呢？""你觉得呢？""你喜欢哪个部分？""你觉得哪里不好？"多提问，让孩子多说，父母才能更了解孩子的内心想法。孩子坦诚相待，把自己的心里话说出来，父母要接纳他，感谢孩子对自己的信任，不要过多指责和评判，要鼓励孩子继续自由地表达。

经常能看到有些父母为了跟孩子争论事情的对错而用过激的

言语伤害孩子,这种做法会严重破坏亲子关系,最终得不偿失。如果孩子觉得自己受到了委屈和伤害,父母或其中一方一定要及时安慰,待孩子情绪缓和后,再用孩子能接受的方式把道理讲给他听。其实很多道理孩子可能都知道,只是不能接受父母的态度。道理可以再讲,,但亲子关系一旦破裂,就很难修复。

父母要尊重孩子的隐私,保守孩子的秘密。如果有的事情孩子不愿意父母告诉别人,父母就要守口如瓶。做值得孩子信赖的父母,才能建立良好的亲子关系。

在得知孩子的成绩不太理想时,也不要打击他。可以鼓励他,对他说:"宝贝,这次你的成绩有进步,你这段时间的努力爸爸妈妈都看在眼里,为你骄傲,如果你继续加油,下次一定会取得更好的成绩。"

孩子每天上学,父母每天工作、处理家务,其实能真正坐下来耐心沟通的时间并不多,父母应该认真对待每一次亲子沟通的机会。当孩子向你倾诉烦恼,分享快乐的时候,都是一次亲子交流的好机会。尊重孩子,赞美孩子,肯定孩子,一定会获得更多了解他的机会。平时也要让家庭里的沟通氛围更加轻松,易于沟通。只有父母情绪稳定,才能培养出遇事冷静的孩子。

6.隔代养育家庭里的沟通

尊重老人，慢慢减少对老人的依赖。

在如今快节奏的生活中，很多年轻父母因为无法平衡繁忙的工作和有了孩子以后的生活，把日常照料孩子的重任交给了爷爷奶奶或姥姥姥爷。隔代养育成了大城市里一种并不少见的现象。

不同时代、不同经历的家庭成员，对孩子的养育方式肯定会有差异。就算是夫妻二人，在教育和生活理念上也不能保证完全一致，更不用说和上一代人有统一观念了。有的家庭还是四位老人轮流照顾孩子，就更难步调一致了。

养育孩子的人多了，难免会产生观念和方法上的冲突。我们必须面对这个问题，探讨如何让隔代养育的家庭减少矛盾，让孩子在更平静而温暖的大家庭中健康成长。

我们要理解老人，满足他们享受天伦之乐的精神需求；要尊重老人,他们付出了辛苦的劳动,帮忙照顾孙辈,并处理本应该由自己来料理的家务。老人在法律上没有义务照顾孙辈,全是出于对子女的爱,不论他们在照顾孙辈中出现什么小差错,子女都应该理解和尊重他们。

父母要教导孩子尊重长辈,尊敬所有的家人,不能因为一堆人围着自己,有很多人无条件地爱自己,就在家里当起"小霸王"。很多小孩在父母面前是一套,在老人面前又是一套。父母要多与老人沟通,及时发现并纠正孩子不正确的行为。

父母要尽量安排好自己的工作与生活,不要把孩子完全甩给老人。养育孩子的过程本该由孩子的父母来完成,如果在孩子年少时放手,青春期后很难与孩子建立良好的亲子沟通。

有的父母在孩子小的时候交由老人全权负责照顾、教育孩子,等到孩子长大后,再想接手就难了,孩子已经无法跟父母建立良好的亲密关系,错过了亲子关系最佳养成时期。对于孩子来说,谁照顾他的时间最长,谁更了解他的全部,谁才是他真正的"父母"。所以,父母不要以为有老人照管孩子,自己就轻松了。其实养育孩子的环境越复杂,不同的声音也越多,孩子接受和沟通起来也就越复杂。在这种生活环境里,父母需要智慧来平衡不同的教育方式。

祖孙三代在一起免不了有代沟,如果在育儿观念上出现分歧,不要立刻指责对方。比如,当发现老人给孩子吃了太多甜食时,不要直接说:"您怎么能这样呢?您不知道吃太多糖对孩子不好吗？"这样很容易引发争吵。可以采用温和的语气，换一种方式："爸妈，我知道孩子喜欢吃糖，但是吃太多糖会对孩子的牙齿不好，我们以后控制一下吧。"

只要经常沟通，互相交流学习，就能让老人产生终身学习的动力，接受新思想和新事物，跟上时代的脚步。父母在教老人新东西时要有耐心，要像教小孩子一样一步一步说清楚，示范操作，让老人感受到子女的关怀。

父母可以和老人安排好各自负责的事情，划清责任和界限，避免在教育孩子的问题上发生冲突。父母不要在孩子面前与老人争论，要在私下里找适当的场合，与老人心平气和地交流，或者在社交软件上沟通，这样还能让老人随时可以看看文字留言，避免忘记。

老一辈有着丰富的生活经验，要在生活中多发现老人的长处，多在孩子面前赞赏老人的优秀经验，多让孩子感谢祖辈，让老人获得成就感，感受到帮助子女照顾孙辈的乐趣。大家互相欣赏，取长补短，才能拥有和谐的家庭氛围。

老人帮忙照顾孩子，通常是孩子年幼时不得已的选择。孩子入学后，要尽量减少对老人的依赖，安排好自己的时间，肩负起作为父母的责任，让辛苦了一辈子的老人有自由的空间，在身体还硬朗的时候，多体验人生的乐趣。

第七章

幽默有奇效

1.什么是幽默

情理之中,意料之外。

幽默是一种能力,是一种智慧,是情理之中、意料之外的开悟。一个富有幽默感的人,总能在一地鸡毛的世界里看到生活的闪光点,即使面对打击,也能找到让人会心一笑的视角,还能把欢乐带给周围的人。

一位作家曾说过:"诙谐幽默是人们在社交场上最美丽的服饰。"在我们的生活中,小到家人、亲友、同事聚会,大到会议主持、演讲、谈判等,有幽默感的人都会给人留下深刻的印象,受到大家的欢迎。就连有些国家的总统竞选团队,都会聘请幽默顾问,帮助总统候选人表现得更有幽默感,更有亲和力,也更富有魅力。在我们的日常生活中,恰到好处地运用幽默的技巧,可以帮我们解决一些尴尬和难题,让我们在各种场合游刃有余。

第七章 幽默有奇效

幽默并不是简单的搞笑，在看似轻松的笑话背后，蕴藏着幽默的三大底层逻辑——优越感、错愕感、释放感。

优越感，简单来说，就是通过创造一个失败者，让对方感觉自己是成功者，从而产生心满意足的优越感。现在很多单口喜剧演员，就经常用自嘲的方式"卖惨"，把自己拉低，让观众获得优越感，在哄堂大笑中获得观众的尊重。也可以用自己占便宜，让别人吃亏的方式引人发笑。在我们遇到有人贬低我们或故意挑刺时，可以用这个办法，把自己踩得更低，夸张地踩，这样做可能比跟对方理论更能化解尴尬。

有人看到你的作品后，在背后评论："我看了他的作品，太烂了。"如果你刚好听到，可以夸张地继续贬低自己："是太烂了，我自己都没眼看啊！"对方虽然能听出来你是故意贬低自己，应该也不会再说更夸张的话，比当面跟对方理论的效果更好。

错愕感，意思是在两条逻辑线交叉的地方突然来一个"脑筋急转弯"。

别人问你："你曾经参与过哪些比较成功的项目？"

你回答："不知道这个算不算，我参与过一个百亿项目——双十一购物节。"

通过制造反差，在常见的事情上，反传统逻辑来一个预期违背，能让人觉得意外而好笑。

释放感，就是先用"危险"制造紧张感，再用"安全"将其释放。

有一位脱口秀新人说，朋友觉得他的一些行为是典型的内耗，应该学着减少内耗。于是他就在网上查看各个心理博主的文章、视频，发现自己越看毛病越多，看之前是普通青年，看完后是配得感缺失、没有钝感力、边界感过强但又习惯性讨好别人，活在原生家庭阴影里的回避型依恋人格，记得这么详细是因为自己还是完美主义者，但凡有观众不笑就会怪罪自己，因为自己还是个高敏感的人。把自己的"毛病"说了一通下来，他最后话锋一转，就算现代心理治疗的开创者弗洛伊德看了他们的分析，他也得有病。

先让大家替他着急，有这么多问题，然后用轻松的方式来化解，通过幽默的方式娓娓道来，让人不由得开始反思。

幽默不是油腔滑调，真正的幽默需要建立在一定的知识基础之上。有审时度势的能力，才能有丰富的谈资，说起话来妙语连珠。幽默还需要有敏捷的洞察力，可以迅速提炼出事物的本质，以简洁、恰当而诙谐的语言进行描述，让人产生自然轻松的感觉。

幽默是一种平静而有趣的表达方式，遇到再难的坎也会乐观面对，从夹缝中找到让人可乐的元素，最终发人深省，让听众听后莞尔一笑。

2.幽默的自我介绍

结合笑点,加深印象。

幽默就像一种润滑剂,可以在人际交往中帮助我们拉近与他人的距离,赢得他人的好感。与人交往的第一印象非常重要,我们的外貌是在社交中给人留下的第一视觉印象,语言为我们的形象赋予了生命,幽默则是我们与陌生人之间重要的见面礼。有人说:"这是一个两分钟的世界,你有一分钟展示你是谁,另一分钟让他们喜欢你。"

初次见面自我介绍时,可以幽默地形容自己的名字,让人对我们印象深刻。

1. 谐音的幽默

有一位叫周墨的男孩,在向大家介绍自己时,他说道:"我叫周墨。我的名字是不是听起来特别放松,大家都很期待?不过我的'墨'字是一个黑加一个土的'墨'。我一到周末就喜欢去郊外的黑土地上发呆、种菜,周末欢迎来周墨家做客!"

2. 从长辈起名的寓意里找到有趣之处

一位名叫亚光的朋友介绍自己的名字时,是这么说的:"我是1990年举办北京亚运会那年出生的,我姥爷说这是亚洲之光,我就叫亚光。我也希望我能成为亚洲之光啊!"他的自我介绍让我印象非常深刻,并且还记住了他的出生年份。巧的是,过了30多年,在2023年杭州举办亚运会时,推广歌曲竟然就叫《亚洲之光》。

我跟别人介绍自己时,有时会说:"我爸姓莫,我妈姓杨,我叫莫杨,其实他们就没给我起名字。"这样的介绍常常引得别人发笑。

3. 找到有趣的名人效应

一位朋友自我介绍时,是这么对大家说的:"我叫张渊明,跟田园诗人陶渊明的名字一样。我虽然生活在钢筋水泥的城市中,但也跟他一样向往世外桃源,其实我们每个人心中都有自己的桃花源。"他的介绍一下让人感觉仙气飘飘,仿佛为自己罩上了一圈梦幻般的光环。

4. 在名字与自身的反差之间找到自嘲的笑点

一位名字甜美的高大女生这么介绍自己:"大家好,我叫田小美。虽然我爸妈希望我又甜又美,但是你们也看到了,我长得五大三粗,真是事与愿违了。不过,我还在追求美的道路上努力。"

5. 调换词序后的趣味

在新同事做自我介绍的时候,有一位叫任国中的同事是这么介绍的:"大家好,我叫任国中,倒过来读就是'中国人'。我们都是中国人,我们都是一家人!"相信没有人记不住他的名字。

幽默风趣的自我介绍,有很大的发挥空间。每个人要善于发现自己名字的有趣之处,调动思维,把握住初次见面引人注意的机会。

3.职场中的幽默

笑口常开，工作氛围更轻松。

在职场中的幽默是一种非常有价值的社交和沟通技巧。在忙碌且充满挑战的职场环境中，幽默能有效地缓解紧张的工作氛围和工作带来的压力，幽默也有助于打破职场中可能存在的人际隔阂，促进团队成员之间的协作。当职场中出现意见分歧或轻微冲突时，幽默还可以巧妙地化解矛盾。幽默的人往往也更容易吸引他人的注意，并展现出独特的个人魅力。

在一个项目截止日期临近时，整个团队都在加班加点赶进度。团队成员小张开玩笑地说："咱们现在就像一群在'战场'上冲锋陷阵的战士，只不过咱们的'武器'是键盘和鼠标，目标是消灭那些可恶的'工作任务怪兽'。等把这只大'怪兽'打败了，咱们就是职场英雄!"

这样的幽默话语,让大家在紧张的工作中轻松一笑,暂时忘却了疲惫和压力,重新振作精神投入到工作中。

在普通的办公室环境中,如同事之间的交流、部门内部的小型讨论等,幽默的空间相对比较大。例如,在每天工作开始前,大家在茶水间聊天,可以分享一些轻松的趣事或者有趣的网络段子来活跃气氛。但是,也要注意不要让幽默影响工作效率。如果同事们正忙于工作,此时过度幽默,如长时间讲述一个冗长的笑话,可能会干扰到他人。

在公司组织的团建活动、员工生日聚会、节日庆祝等社交场合,幽默是非常受欢迎的。这时候可以充分发挥幽默的优势,增进同事之间的感情。比如,在团队建设的户外拓展活动中,模仿一些搞笑的运动姿势,或者讲一些有趣的户外冒险故事来逗乐大家,能让活动氛围更加愉快。

在重要的商务会议或者严肃的项目汇报中,应该谨慎使用幽默。这些场合,重点是传达关键信息和工作目标,比如,在公司的年度战略规划会议上,大家都在专注地讨论市场趋势、财务预算等严肃内容,此时如果讲一个与会议主题无关,又带有恶搞性质的笑话,就会显得不合时宜。然而,在适当的时候,一些基于会议主题本身的轻松幽默,可以缓解会议的紧张气氛。比如,在介绍一个复杂的技术项目时,可以说:"这个技术就像一个神秘的魔法盒子，打开它的过程就像在解一个谜题，不过很幸运，我们有像福尔摩斯一样厉害的团队成员来破解它。"这种幽默既能让大家对项目内容有更形象的理解，又不会破坏会议的严肃性。

  对于不同的同事，幽默的接受程度可能不同。新员工可能对公司文化和同事的性格还不太了解，比较敏感，所以在和新员工交流时，幽默要尽量温和、易懂。每个公司都有自己的企业文化，在一些强调创新和开放的互联网公司，幽默可能是日常工作氛围的一部分，但在一些传统行业，工作氛围较为严谨，幽默就需要更加符合正式、稳重的文化风格。任何带有歧视或者偏见的笑话都是不恰当的，这不仅会冒犯同事，还可能会引发严重的职场纠纷。同样，也不要拿同事的个人隐私、身体缺陷等作为幽默的素材。

  幽默的意图是积极的，比如缓解压力、增进团结或者活跃气氛。如果幽默带有恶意，如讽刺、挖苦同事或者贬低其他部门，就是不恰当的。

  总之，要结合实际情况，让自己的幽默感发挥出最佳的效果。幽默的内容要高雅，态度要友善，要分清对象，注意场合，把握好幽默的分寸。幽默不仅要能逗大家开心，还要能化解职场上的尴尬，让工作氛围更加和谐，增加团队的凝聚力。

4.恋爱中的幽默

幽默是恋爱的催化剂。

美好的爱情可遇不可求,如果我们在茫茫人海遇到了生命中的"梦中情人",就可以运用如同催化剂般的幽默来加快爱的反应速度,把握恋爱机遇。

1. 用幽默的方式搭话

两个人最初的搭话需要幽默来助攻。可以使用谐音梗、夸张等方法达到幽默的效果。比如"大师说我今天会遇到一个重要的人,看来就是你了。""我其实是天文学家,我发现你是这里最闪耀的星。"

2. 让幽默的惊喜遍布爱的角落

恋人相处过程中,幽默可以消除烦恼和担忧,让相恋的画面变得浪漫而甜蜜。在你无聊时、难过时、担心时……用心的他会让幽默遍布你们共处时的每一个角落。

一个女孩让男孩用一个物品形容自己，男孩调皮地说："你就像我的手机，我天天把你捧在手心。"

"我今天中午吃的面。""什么面？""想见你一面。"

"你喜欢甜的还是咸的？""我喜欢甜的，万物皆甜，而你胜过世间万物。"

"他们不理解你也没关系。如果每个人都理解你，那你得普通成什么样？"

"以后我就跟你混了，有你一口饭吃，就有我一个碗刷。"

恋人之间使用幽默的语言交流，会让彼此的生活增加更多的快乐。

3. 以幽默来化解嫉妒

很多情侣在恋爱期间会"吃醋"，看到自己的男朋友或女朋友跟其他异性走得近的时候会嫉妒，这也是人之常情。如果使用钝化的幽默攻击，会比直接发火或阻止的效果更好。你可以这样说："你一直瞅着她，赶紧过去跟她说句话吧，不然别人以为那是你女朋友呢。"这"温柔一刀"可以让自己的恋人从失态中抽离，不好意思地回到自己身边。

4. 以幽默来化解愤怒

情侣之间总会发生一方惹得另一方生气的时候，这时，如果光说"别生气了""我错了"之类的话，根本起不到安抚的作用。这时可以根据具体情况，运用幽默的方法让对方消气，快速扭转局面。

有一个女孩不想让男朋友一直玩游戏，一看到他玩游戏就很生气。于是，男朋友把自己在游戏里的头像改成了大波浪发型穿着小短裙的女生形象，名字改成了女朋友的昵称。

女孩看了之后乐不可支："你的头像怎么变成女孩了，别人还以为你是女的呢？"男朋友说："就当你陪着我玩了！"女孩从生气的状态变得有了参与感，又觉得好笑，这件事就不再成为令她生气的爆发点了。她男朋友知道她发脾气的背后含义是希望自己对她更重视，于是用了这个有趣的方法，把自己的头像变成虚拟的女孩，让女孩感受到被宠爱。

5. 幽默需要旗鼓相当

如果情侣之间只有一方很幽默，喜欢别出心裁、无厘头地开玩笑，而另一方总是接收不到笑点，也会造成尴尬。一件好笑的事，如果一点一点去解释，就没有意思了。有一位哲人说过："解释是幽默的致命伤。"希望我们能找到幽默感相近，不扫兴的那个人。

幽默是无聊时的调味剂，是痛苦时的止疼片，是困难时的解压阀，是快乐时的催化剂，让我们在平淡的日子里欢欣雀跃，为我们的人际关系保驾护航。希望幽默能成为你的加分项！

5.幽默地拒绝

在诙谐中保留情面。

生活中,难免会遇到无法答应别人请求的时候,直接拒绝可能会伤害对方的自尊心,不利于双方建立友好的关系。那么如何拒绝别人,才能把难堪指数降到最低,同时又能减少被拒绝者的不快,就需要我们在措辞上下功夫了。

幽默地拒绝别人,是一项需要技巧的沟通方式,可以从以下几个方面来考虑。

1. 先"同意"再拒绝

对于别人提出的有一定合理性的要求,如果我们做不到,拒绝的时候可以先赞同、赞美,再表达自己因为条件的限制无法满足,希望双方互相理解。比如"你提的这个想法还挺不错,但是我们目前的条件还不够成熟。""你说的这件事挺好，但我可不是最佳人选哟！"也可以表示自己需要考虑一下，回头再沟通。

2. 困难夸张化

在拒绝时，我们可以提供具体的细节，并用夸张一些的表达来展示自己的困境。比如有人找你借钱，你可以说："你竟然觉得我比你有钱？我都不知道有一天还能有人管我借钱？我现在手头上也很紧，这钱前脚进我兜里，后脚就溜达出去不跟我回来了。""我现在的钱包就像个'饿瘪了的小怪兽'，正等着我发工资去投喂呢。我要是把仅有的这点'干粮'给了你，我可就惨咯。真不好意思，帮不了你。"这样的表达会让对方感受到我们的困境，不再让我们为难。

3. 伪装忙碌

在我们拒绝别人时，可以通过伪装忙碌来委婉地表达，表明自己没有时间。比如"我这里忙得团团转，驴拉磨都没我拉得快，真没时间帮你啊，改天有时间了一定帮忙。"还可以表现出疲惫的状态，比如"我现在看东西都重影了，拿两根牙签来都撑不住我的眼皮，真没法帮你改方案了。"

4. 自我贬低

拒绝别人时，自我贬低是一种有效而幽默的沟通技巧，可以通过降低自己的能力来减少对方的期望值，从而更容易地拒绝对方的请求。比如有人找你帮忙搬家,你可以说:"我这小胳膊细腿,怎么帮你搬家啊?我怕还没怎么搬,就得折在衣柜里。"你也可以通过对比他人来显示自己的无能为力,比如有人邀请你参加对抗类的游戏,你可以说:"看他那大块头,一个顶我仨,我这鸡蛋就别去往石头上撞了。"

5. 避实就虚

对于一些不合理要求,我们可以不做正面回答,或者转移话题。

有一次,中国奥运代表团抵达国外的比赛场地时,外国记者提问:"中国能拿几块金牌?"还问我国奥运代表团发言人,中国能否超越某个国家。我国发言人回答:"10月2日以后,你们肯定能知道。"这一天就是闭幕式的那一天。

6. 调侃理由

有时候,可以用调侃的方式或无厘头的话来拒绝别人,也能化解拒绝的尴尬,还可以反提要求让对方拒绝自己。比如,有朋友给你推销保险,而你并不想购买,在他把保险理赔说得天花乱坠时,你可以拍拍他的肩膀,语重心长地说:"哎呀,我也知道保险是个好东西,可我这钱包就像个刚经历了饥荒的小口袋,现在正努力攒粮呢,实在没余粮再去投保啦,等它'吃饱喝足'再说吧。"或者也可以请他先借给自己一笔钱,然后再找他买保险。

拒绝时不用把理由说得天花乱坠,以免给人造成一种故意捏造的感觉。可以根据情况灵活地运用幽默的拒绝技巧，每次只给一个恰当的理由即可。在我们委婉拒绝对方后，可以帮他寻找其他可以实现要求的途径，这样也能保留彼此的情面。

6. 幽默"百宝箱"

幽默助你左右逢源。

幽默可以让人的生活变得更轻松，使人的思维变得更敏捷，心态更开放和包容。没有一个人不喜欢风趣幽默的语言，很多人都希望自己也能成为一个幽默达人。幽默可以通过多种方法来实现，以下是一些幽默技巧。

1. 夸张地打比方

通过夸张的描述或比喻，将平凡的事物变得有趣。比如，形容自己的肚子"能吃下一头牛"，吐槽高房价，"上海的房价太高，得把我老家的房子拆十遍才能付首付"，这种夸张的描述能让人捧腹大笑。

2. 自嘲自讽

通过自嘲来化解尴尬。在朋友聚会时,有人说你最近长胖了不少,你可以笑着回应:"哈哈,我这不是胖,是对生活的'热爱'太满。"这样说不仅能缓解尴尬的氛围,还能让对方感到你的幽默。需要注意的是,嘲讽的对象只能是自己,不能揭别人的伤疤。

3. 反转剧情

通过先抑后扬或先扬后抑的方式,制造出乎意料的转折。例如"春天拼脸蛋,夏天拼身材,秋天拼气质,冬天拼性格,而我什么也拼不起,只能拼命。""世上无难事,只要肯放弃。"这种反转会让人感到意外而有趣。

4. 押韵

通过押韵来增添语言的趣味性。例如"天晴了雨停了,你又觉得你行了。""拜过把子发过誓,这顿咱先 AA 制。""万丈高楼平地起,成功还得靠自己。""我就是我,我看自己都上火。""江湖险恶,不行就撤!"通过押韵的方式,让话语更加朗朗上口,既增加聊天的趣味性,又让人觉得我们很有才。

5. 张冠李戴

通过装作不知道或理解错误来创造幽默效果,也可以通过借用比喻来描述不同的事物。比如，有人问我们"电脑怎么散热？"我们可以开玩笑地说"它有 Windows。"别人问我们："为什么时间像金钱？"可以回答："因为它总是在我们想要更多的时候流逝。"

6. 变换声音

故意变成更尖或更粗的声音，达到喜剧效果。以前有一款叫"汤姆猫"的小游戏，录一段话再播放，屏幕上的小猫就会用一种夹子音说出刚才录下来的一段话，非常有意思。可见，光是塑造一种好笑的声音，就能达到幽默的效果。比如，你在哄女朋友时，可以捏着嗓子用夹子音说"公主请上车"，她可能听后马上破涕为笑。

7. 谐音

通过谐音来创造意想不到的幽默效果，这个方法是人们常用的幽默技巧。比如"包治百病！"（包指的是装东西的包）"看武打片能减肥，他们经常说'你瘦（受）死吧！'""为什么超人救人的时候要穿紧身衣？因为救人要紧。""睡前一定要吃夜宵，这样才不会做饿梦（噩梦）。"

9. 借用典故，加以变换

可以用一些人人皆知的经典名言、诗词等，加上自己的改动，加入幽默色彩。比如"是金子总会发光，是镜子总会反光。"

9. 歇后语

说话时加点儿有趣的歇后语，也能引人发笑。比如，"飞机上点灯——高明""八仙过海——各显神通""饭桌上的抹布——尝尽了酸甜苦辣""断了柄的锄头——没把握""电线杆上挂暖壶——水平（瓶）真高"。

10 声东击西

先说一件事，再说另一件事，其间不按照已有的逻辑出牌，冒出一个其他的关联。比如，在餐厅点餐时，有人这样点菜："这个宫保鸡丁看起来挺好吃，那个红烧茄子也不错，这个糖醋排骨也可以，那我们点一份水煮鱼吧。"出乎意外的结局，会让人忍不住发笑。

幽默的方法还有很多，在生活中要多多观察，灵活运用。这些方法可以帮助我们在不同的场合创造出幽默的效果，提升我们的社交能力，让我们在工作和生活中游刃有余。